Quand les cadres se rebellent

David COURPASSON et Jean-Claude THOENIG

Quand les cadres se rebellent

Vuibert

Ouvrage publié sous la direction
de Geoff Staines

ISBN : 978-2-7117-4341-4

Librairie Vuibert - septembre 2008
20 rue Berbier-du-Mets, F-75647 Paris cedex 13 - Site Internet : www.vuibert.fr

Table des matières

« Mais qu'est-ce que je fous là ? »

LE CHEMIN DE LA RÉBELLION

IL EST 5 h 40 du matin. Les visages sont fatigués avant même que le jour se lève. Le quai est encombré de dizaines de personnes qui attendent l'arrivée du Train à Grande Vitesse. Du gris, du noir, des manteaux, de la cravate. Les voyageurs arborent l'uniforme du parfait homme d'affaires. Les téléphones mobiles sont déjà activés. Les journaux économiques, satiriques ou sportifs ont été achetés. L'ordinateur portable est lui aussi disponible pour entrer en action. Tout est prêt.

Il leur a fallu se lever sans réveiller les enfants, prendre une voiture, trouver une place au parking souterrain de la gare, monter des escaliers mécaniques, trouver le quai, composter le billet, et attendre. Avec l'espoir que quelque chose se passe.

> « Parfois je me demande ce que je fous là, dans ce compartiment de première classe, pourquoi j'ouvre mon ordinateur alors que le paysage du Morvan encore givré incite à la balade. Pourquoi suis-je dans cette complète inversion de ce que je devrais faire si j'étais autre chose que ce que je suis ? Pourquoi le type assis derrière moi est comme moi, mais ne le dira pas, et même ne le sait pas ? Pourquoi nous, les cinquante types, dont quelques femmes perdues au milieu du compartiment, sommes là, bien assis, mais sans trop le vouloir, et qu'on ne se dira jamais qu'on pense tous à peu près la même chose de cette hérésie de prendre un TGV à 5 h 40 pour aller hanter les couloirs du métro parisien et faire un truc qui, au fond, ne compte même pas ? »

Ce jour-là, il ne se passera peut-être rien pour aucun d'eux. Leurs états d'âme, s'ils en éprouvent, se dissiperont sur-le-champ, refoulés comme à l'habitude. Et pourtant il se pourrait bien que l'un d'eux se demande un jour, dans le TGV ou à son bureau : « *Qu'est-ce que je fais là ? Pourquoi je fais des trucs de dingue pour ma boîte* ? », et en tire des conséquences. Les chemins de la rébellion s'ouvriraient alors à lui.

UN FAIT MÉSESTIMÉ

Ce livre parle de rébellion, de révolte, de contestation[1]. Les définitions fournies par le dictionnaire *Le Robert* de la langue française montrent de remarquables similitudes entre ces trois termes. La rébellion renvoie à un acte de désobéissance, d'insubordination, d'opposition. La révolte désigne un refus d'une règle sociale établie, une opposition indignée devant une contrainte ou une autorité. La contestation se traduit par une controverse, un débat, une dénégation, un désaveu. Le présent livre prend à son compte la richesse de la langue lorsqu'elle qualifie le rejet d'une norme sociale établie ou d'une contrainte imposée par l'autorité légitime.

Un jour, brusquement, sans crier gare, alors que personne ne s'y attend, pas même eux, des salariés, cadres et assimilés, se rebellent, se révoltent, contestent. Ils disent : « *Non, cela suffit comme ça, c'est intolérable, ils exagèrent, je n'accepte pas ce qu'on m'impose, à quoi bon, basta !* » Ils refusent de continuer à jouer le jeu. Et ils osent l'exprimer publiquement. Pire : ils n'en démordent pas. Eux qui, parfois, ont été considérés jusque-là comme des modèles de réussite dans leur entreprise, sur qui les grands chefs comptent, à qui un boulevard semble ouvert qui normalement conduit vers les sommets.

De tels comportements, en apparence aberrants et peu responsables, valent-ils le détour d'un livre ? Après tout, ce ne serait qu'un mauvais moment à passer. Un pétage de plombs, une colère non maîtrisée, une parole qui n'est pas convenable. Trop de fatigue accumulée, du stress en famille, des nerfs tendus par les challenges que l'on doit relever. Un peu de repos, et tout finira par s'arranger. À la limite, une visite à un psy, et les choses normales se remettront en place.

Il faut prendre la rébellion et la contestation au sérieux. Parce qu'en temps ordinaire elles ne le sont pas assez, voire pas du tout. Lorsqu'elles se manifestent autour de nous, nous ne les voyons guère, nous les occultons.

---

1. Catherine Paradeise, professeur à l'université Paris Est - Marne-la-Vallée, nous a fait bénéficier de ses conseils éditoriaux vigilants. Michel Coster, professeur à l'EM-Lyon, a relu le texte du présent livre. Nous les remercions tous deux. Notre réflexion a également bénéficié de discussions dans le cadre du centre de recherche « organisations, carrières et nouvelles élites » de l'EM-Lyon.

Et, même quand nous les remarquons, nous ne leur attribuons guère d'importance.

C'est d'une manière totalement fortuite que, en tant que sociologues, nous nous sommes intéressés à la rébellion des cadres en entreprise. En fait un tel phénomène était observable dans les entreprises où nous menions des enquêtes et des programmes de formation. Pourtant nous étions passés totalement à côté. Nous les ignorions. Comme s'ils ne faisaient pas vraiment sens.

Cela faisait plusieurs années déjà que nous observions, au cours d'interviews surtout, les transformations du pouvoir et des rôles managériaux dans des multinationales de la chimie, de l'énergie ou encore des matériaux de construction aussi bien que dans des entreprises plus régionales (David Courpasson[1] ; Claude Michaud et Jean-Claude Thoenig[2]). Nous y animions également des programmes de formation continue destinés à leur encadrement. Parmi des milliers de pages de notes prises tout au long de plusieurs centaines d'entretiens étaient consciencieusement consignées des références à des histoires de révolte et de contestation, histoires dont la personne qui les relatait était soit le héros, soit l'observateur. Nous n'avions jamais songé à en faire usage. Mieux, nous en avions carrément oublié l'existence. Elles ne cadraient pas avec nos centres d'intérêt. Elles semblaient anecdotiques, sortes de chemins de traverse ne conduisant nulle part. Jusqu'à ce que trois événements se produisent en l'espace de quelques semaines.

Une année après avoir été interviewée, et à notre grande surprise, une personne nous rappelle. « *Quand même, j'ai quelque chose à vous raconter qui doit intéresser le sociologue que vous êtes. Allons déjeuner ensemble.* » Ce qui fut fait. Ce cadre désirait nous raconter pourquoi et comment il avait pris la tête d'un mouvement de contestation qui avait fait beaucoup de bruit dans sa boîte et qui concernait une décision prise par sa direction quant à la poursuite d'un projet de R & D. Visiblement son histoire lui tenait à cœur.

Intervenant lors d'un colloque universitaire pour discuter du rapport de recherche concernant la banque qu'il dirige et dont les personnels avaient été interviewés par nos soins, son PDG s'étonne publiquement qu'aucune mention ne soit faite des arrêts de travail et d'un défilé dans la rue qui avaient mobilisé les agences de son établissement. Ces dernières refusaient

1. Courpasson D., *La Modernisation bancaire,* Paris, L'Harmattan, 1995

2. Michaud C. et J.C. Thoenig, *Making Strategy and Organization Compatible*, London, Palgrave, 2003.

une révision des méthodes d'évaluation de leurs performances, révision unilatéralement imposée par le siège. « *Comment avez-vous pu ne pas en parler dans votre texte ?* » Effectivement nous n'en avions même plus le souvenir, bien que nous ayons passé plusieurs semaines au sein de la banque.

Au détour des allées d'un hypermarché, l'un d'entre nous se retrouve un samedi matin nez à nez avec une personne qu'il a interviewée quelques années auparavant. Cette dernière raconte qu'entre-temps elle a, par choix volontaire, quitté le poste de jeune cadre dirigeant qu'elle occupait et qu'elle est devenue professeur associé dans une école professionnelle. Malgré une relative perte de statut social et de revenus, ou à cause d'elle, cette personne estimait avoir échappé à un univers qu'elle ne supportait plus, celui de la grande entreprise.

De ces histoires de contestation et de rébellion de cadres, nous avons rapidement fait un thème d'observation en soi. En relisant sous un tout autre angle nos notes prises depuis 1990. En lançant des observations plus systématiques. En décortiquant une quarantaine de cas singuliers d'histoires de contestation, depuis leur genèse jusqu'à leur fin. Bref, en prenant le phénomène vraiment au sérieux.

Les révoltes et les contestations sont beaucoup plus fréquentes qu'on ne l'imagine de prime abord. Il est impossible d'en donner un ordre de grandeur faute de disposer de statistiques sur des grands nombres ou même d'indicateurs approximatifs, mais aussi parce que ce sont souvent des histoires silencieuses, qui ne sont pas partagées par des réseaux et des communautés qui préexistent à leur avènement. Néanmoins, il suffit de regarder avec attention : elles abondent. Ainsi, sur un peu plus de quatre cents cadres moyens et supérieurs, de niveau directeur d'usine, chef de réseau commercial ou assimilé, et formés par nos soins pour le compte d'une très grande multinationale reconnue par ailleurs comme plutôt socialement responsable et attentive à ses personnels, quatorze ont été conduits un jour ou un autre à dire « *non je ne marche plus* ». Ce qui, après tout, n'est pas anodin.

Le présent livre constitue une première. Une recherche bibliographique montre qu'il n'existe pratiquement aucun livre ou article paru tant en français qu'en anglais qui aborde le sujet de front et en profondeur. Plus précisément le phénomène restait vierge, sauf à en noyer le sens et la portée dans des explications de type prêt-à-penser. Ainsi serait-il l'inéluctable conséquence de la nature des entreprises à l'orée du XXIe siècle ou bien traduirait-il le malheureux sort réservé aux salariés. Le livre montrera que c'est là aller un peu vite en besogne. La rébellion des cadres est un phénomène original, ne ressemblant à aucun autre, dont l'occurrence n'est pas inéluctable et dont les conséquences sont souvent ambivalentes, pour le pire mais aussi pour le meilleur.

UN PHÉNOMÈNE À NUL AUTRE PAREIL

Des contestations existent dans les entreprises, qui sont le fait de cadres ou assimilés et qui ne sont réductibles en aucune manière à des mouvements sociaux syndicalement ou politiquement encadrés. Elles n'ont généralement pas recours à des modes d'expression comme l'arrêt de travail ou l'occupation de locaux professionnels. Aucun drapeau ne les identifie. Aucun comité ne les représente. Elles ne cherchent pas à satisfaire des revendications de type salarial – plus de ceci – ou revendicatif – moins de cela. Elles ne se réfèrent pas non plus à une idéologie de type anti-quelque chose. Elles ne visent pas à changer de société ou à balayer le néocapitalisme. Elles ne font pas la une des media. Elles restent discrètes. Ceux qui ont contesté le gardent pour eux. En même temps, elles les marquent d'une empreinte indélébile. Ces rébellions portent sur quelque chose de particulier : des enjeux de type managérial.

Parler de rébellion ou encore de contestation ne va pas de soi. Le terrain est miné. Par la prégnance du sens commun. Par des références agréées que martèlent les media.

Révolte, rébellion, contestation renvoient à une dimension compassionnelle et débouchent sur une interprétation crépusculaire du monde du travail. Ainsi du thème du malaise des cadres qui a fait recette dans les années 1970 et qui a été relayé par celui de leur désinvestissement. Perte d'identité sociale, banalisation du statut dans l'entreprise, démotivation généralisée, le répertoire est vaste qui évoque un processus de délitement, qu'illustrent des écrits comme ceux de Michel Villette[1], Gérard Regnault[2], Paul Bouffartigue [3] ou encore François Dupuy[4]. Son étape ultime serait celle de la pathologie destructrice. Les cadres souffrent, à écouter Christophe Dejours[5]. Le *burn out,* terme qui désigne un état d'épuisement professionnel que ne guérit pas le repos, guette au tournant les salariés, à lire les travaux pionniers de Robert Golembiewski et

1. Villette M., *Le Manager jetable*, Paris, La Découverte, 1996.
2. Regnault G., *Les Relations cadres-entreprises. Après un long mariage heureux, éviter le divorce*, Paris, L'Harmattan, 1998.
3. Bouffartigue P., *Les Cadres. La grande rupture,* Paris, La Découverte, 2001.
4. Dupuy F., *La Fatigue des élites. Le capitalisme et ses cadres*, Paris, Le Seuil, 2005.
5. Dejours C., *Souffrance dans le travail. La banalisation de l'injustice sociale*, Paris, Le Seuil, 1998.

ses associés[1], ou plus récemment les écrits de Marc Loriol[2]. L'alcoolisme clandestin est relativement répandu, et pas seulement parmi les ouvriers et employés. Des cadres se suicident sur leur lieu de travail. Par conséquent, le moindre mal qui puisse encore leur arriver, c'est que, avant que ce soit irrémédiable et irréversible pour eux, des individus s'expriment, crient leur fait, dénoncent l'univers carcéral de leur entreprise et la pression insatiable du management. La rébellion serait donc un signal d'avertissement ou de détresse exprimé par des gens qui s'enfoncent et qui ne s'en sortent plus.

Révolte, rébellion, contestation sont par ailleurs associées à un autre registre, celui de la désobéissance, et par-delà, celui du désordre, de la désorganisation, de l'indiscipline. Elles menaceraient le succès de l'entreprise et la pérennité de la société. Ceux-là mêmes sur lesquels on compte pour que l'entreprise tourne – les cadres et assimilés – osent donner le mauvais exemple. Enfants gâtés, ils scient la branche sur laquelle ils sont assis. Certes, de nos jours, l'autorité pour l'autorité a perdu de sa crédibilité. Ne plus voir une seule tête qui dépasse fait ringard à l'aube du XXIe siècle. En revanche, que les cadres tiennent tête aux mises à l'épreuve que le management leur fait subir pour tester leur loyauté et leur potentiel – le TGV de 5 h 40 – relèverait de l'hérésie et du sacrilège. Les choses ne seraient plus comme avant. La preuve ? Les cadres ne sont plus prêts à se donner à fond, à tout donner à leur travail et à leur entreprise. Les nouvelles générations ne sont-elles pas celles du temps choisi et du cocooning, quand ce n'est pas celles du zapping généralisé ? Tout fout le camp, à commencer par la loyauté à l'égard de l'employeur.

Le présent livre traite de la rébellion, de la révolte et de la contestation des cadres en entreprise d'une façon qui se veut sereine, en évitant autant que faire se peut le pathos et en se gardant de tomber dans les préjugés habituels. En observant les faits, tous les faits, et rien qu'eux.

Qui dit non, qui s'insurge, qui se rebelle ? Dans quelles circonstances des cadres passent-ils à l'acte ? Contre quoi et contre qui leur refus est-il dirigé ? Quelles sont les finalités qui guident ces protagonistes et qu'espèrent-ils changer ? Comment un processus de rébellion et de contestation se déroule-t-il concrètement dans le temps et dans l'espace ? De quelle manière l'entreprise l'interprète-t-elle et réagit-elle ? Qu'en résulte-t-il au final comme conséquences pour les parties prenantes ?

1. Golembiewski R.T., Munzenrider R.F. et Stevenson J.G., *Stress in Organizations. Toward a Phase Model of Burnout*, New York, Praeger, 1986.

2. Loriol M., *Je stresse donc je suis*, Paris, Mots et Cie, 2008.

En osant assumer des conclusions nuancées, paradoxales ou contre-intuitives, voire même en laissant poindre un message, somme toute, de tonalité plutôt optimiste et positive. Ainsi les cadres qui se rebellent ne sont pas nécessairement ceux qui sont laissés pour compte, car paumés ou jugés incontrôlables, bien au contraire. Ce sont parfois aussi ceux qui ont été jusque-là les plus conformes à l'image d'Épinal du cadre à haut potentiel et qui ont, depuis cinq ou dix ans, tout donné à leur travail. Ils se recrutent parmi les viviers d'où sortent les élites de demain. Simplement, un jour, ils se rebiffent.

Par ailleurs, si les rebelles mettent en cause des façons de faire en matière de gestion par les directions, ils ne tournent pas le dos à leur entreprise, bien au contraire. Ils investissent leur énergie dans la recherche de solutions, ils proposent des façons de faire alternatives, et souvent aussi efficaces sinon plus. Ils restent sur le registre du bien de l'entreprise. Ils ne vont pas contre, ils proposent d'autres réponses. Ils sont des acteurs créatifs et responsables.

Entrer en rébellion ne relève pas de la partie de plaisir. L'expérience est lourde et laisse des cicatrices souvent durables. Pour le rebelle : en termes de charge psychologique, de remise en cause de son identité, de carrière et d'emploi. Pour l'entreprise : elle risque de voir partir certains des cadres qu'elle jugeait jusque-là les plus prometteurs. En même temps, la contestation est une occasion unique de produire des changements. Pour les individus qui la portent, qu'ils partent ou qu'ils restent. Pour l'entreprise qui la voit se développer, qu'elle l'admette ou pas. Elle est moins disruptive par ses effets que constructive par ses impacts. En effet, elle peut permettre de satisfaire deux fonctions. L'une est de concilier la sphère publique de l'entreprise et la sphère privée de ses cadres. L'autre est de permettre aux contestataires de faire entrer la société et la vie hors travail au sein de l'entreprise et de la sphère du travail.

La rébellion mérite que l'on écrive son éloge. En même temps, elle nécessite qu'on s'en inquiète. En particulier quand les discours sur le management sonnent franchement creux et que le décalage entre les entreprises et la société devient gouffre.

LA TRAME DU LIVRE ET SES PROTAGONISTES

Les rébellions ne signalent pas leur démarrage à l'avance. Elles font irruption de façon soudaine et inattendue. Le premier chapitre raconte deux histoires réelles qui peuvent arriver à chacun de nous. Elles sont le lot de gens qui s'étaient montrés jusque-là parfaitement conformistes et qui se voient offrir une opportunité que d'habitude on ne refuse pas.

Le deuxième chapitre décrit les circonstances qui président aux entrées en contestation. Au prix d'un tumulte psychologique lourd à vivre, le cadre fait débouler sa propre sphère privée dans la sphère publique de l'entreprise, sphère privée que cette dernière persiste à occulter, voire à fouler au pied. S'ils sont habituellement indifférents à beaucoup de sollicitations et de pressions qu'elle exerce sur eux et qui empiètent sur leur sphère privée, il leur arrive un jour d'estimer que trop c'est trop, qu'une goutte d'eau fait déborder le vase.

La rébellion se joue dans un décor. Le chapitre trois le plante et en décrit les éléments. Elle n'exprime pas des caprices d'enfant gâté, des frustrations affectives ou des mauvaises humeurs passagères qui finiront bien par passer. L'entreprise n'est ni une prison ni un terrain de jeu. Le carburant de la rébellion est fourni par les ratés du management.

De quelle manière un processus de rébellion se déroule-t-il ? Le chapitre quatre montre que la rébellion des cadres en entreprise ne peut pas être assimilée à une intention de voir se répandre la chienlit. Elle ne cherche pas non plus à détruire l'entreprise. Contester ou se rebeller ne consiste pas à faire n'importe quoi n'importe comment et n'importe quand, bien au contraire. Cet acte se déploie en satisfaisant des conditions et en franchissant des étapes bien balisées. En particulier il formule des propositions alternatives en matière de gestion. Réussir une rébellion exige tout un savoir-faire.

Que deviennent les cadres rebelles ? Le chapitre cinq traite de leur sort une fois la rébellion terminée ou tassée. Nos histoires suggèrent une grande variété des destins personnels. Certains cadres s'excluent et perdent. D'autres rebelles restent et même gagnent. Tous, en tout état de cause, restent marqués pour longtemps par leur expérience.

Sur quoi débouchent les rébellions ? Le chapitre six trace un bilan du point de vue de la gestion de l'entreprise. Il s'attarde sur une dimension surprenante et constructive. En effet, la rébellion véhicule et produit de la créativité. Cette dernière se manifeste par le fait que les contestataires modifient leur itinéraire de vie. Elle est aussi porteuse de nouvelles formes de culture professionnelle, d'organisation et de pouvoir au sein de l'entreprise. Enfin, elle explore et construit de nouvelles façons d'agir ensemble, de nouvelles solutions et façons de produire, d'interagir avec la société et de servir les besoins de ceux qui la composent.

Les rébellions de cadres présagent-elles d'une adhésion croissante à des formes de lutte qui les rapprocheraient de l'action syndicale classique forgée par le monde ouvrier ? Le septième chapitre souligne la spécificité et l'originalité de leur mode d'expression contestataire. Les revendications ne sont pas quantitatives. Elles manifestent un vif et brutal rejet du fait que l'entreprise est entrée dans une zone interdite, celle de la sphère privée de ses salariés. Les contestations sont des occasions pour faire revenir la société dans l'entreprise.

Le chapitre huit souligne que la rébellion est associée (sinon favorisée) à la conception et la pratique d'un style hégémonique de gestion. Le monde du bas est considéré comme portion congrue. Des cadres il est attendu d'abord et avant tout qu'ils soient contrôlables et soumis. En même temps cette hégémonie managériale est subtile. Elle exerce une contrainte qui est douce et anonyme, non pas brutale et personnalisée. Et elle est capable de confronter, voire d'absorber les contestations avec un relatif succès.

Le chapitre neuf montre que la contestation et la rébellion peuvent être traitées et analysées comme des processus conflictuels normaux, voire bénéfiques, constructifs et performants par leurs effets collectifs. À une condition cependant qui correspond à un changement de *mindset,* de façon de voir et d'interpréter le monde : adopter une autre manière de gouverner politiquement le tissu social et humain qu'est une entreprise.

En conclusion nous résumerons les principaux enseignements tirés de l'observation des faits et soulignerons la porosité croissante des entreprises. Dans un tel contexte, donner du sens et créer des identités deviennent des enjeux qui importent.

Sept histoires de rébellion

Elles serviront de fil conducteur. Il s'agit de cas réels observés par nous. Cependant les noms des protagonistes et des entreprises ont été déguisés pour des raisons évidentes à comprendre[1]. Ces rébellions concernent dans l'ordre d'apparition :

- Jean-Paul, un ingénieur âgé de 33 ans, qui travaille comme chef d'un département de travaux dans le cadre de l'entreprise Bat,
- Michel, lui aussi ingénieur de formation, qui à 32 ans dirige la production dans une usine appartenant au groupe Fil,
- Bruno qui, à 38 ans, dirige un réseau de distribution en Asie, enseigne qui est une filiale de la multinationale Brick,

1. Leurs témoignages restent gravés dans nos esprits. Nous espérons ne pas trahir leur confiance.

- Philippe, un biochimiste de 40 ans qui est chef de projet en R & D dans un leader mondial de la chimie appelé Agro,
- Marc, docteur en microbiologie, âgé de 42 ans, par ailleurs collègue de travail de Philippe et lui aussi chef de projet dans la même entreprise Agro,
- Antonin, 38 ans, qui après des études supérieures de gestion et de commerce est entré dans une banque régionale appelée Bank et y occupe le poste de directeur d'agence,
- Julie, une femme ingénieur qui, à 41 ans, exerce une responsabilité de fabrication dans une aciérie appartenant à un groupe industriel international du nom de Fondri.

Voir l'index des personnages p. 179.

Chapitre 1

Une proposition qui ne se refuse pas

DES SALARIÉS anonymes basculent un jour dans la résistance. Ils prennent la parole : « *Non, pas cela, je ne supporte plus, et d'ailleurs je m'en vais dire son fait à qui de droit.* » Leur comportement enfreint l'ordre et les bonnes manières qui, d'habitude, ont cours sur le lieu de travail.

Personne ne comprend vraiment pourquoi, même si chacun dans leur entourage évoque des raisons. La révolte déclenche de l'émoi chez leurs collègues et la colère de leurs supérieurs hiérarchiques. Jusque-là, ces personnes présentaient pourtant l'apparence de gens normaux. Elles respectaient les directives des chefs, se dévouaient à leur travail et menaient à bien des défis jugés *a priori* impossibles. Rien ne laissait prévoir qu'elles adopteraient brusquement un jour un comportement de révolte. D'autant plus que des offres généreuses venaient de leur être faites par leur hiérarchie, perspectives qui, d'habitude, ne se refusent pas quand on en est l'heureux bénéficiaire.

Les deux histoires de Jean-Paul et de Michel relatent l'entrée en rébellion de cadres. Il s'agit de personnes classées à haut potentiel par leur entreprise. Or les voilà qui déclinent une offre généreuse sinon exceptionnelle.

JEAN-PAUL ET L'ÉCOSSE

Jean-Paul a 33 ans. Ingénieur diplômé d'une école prestigieuse, il a obtenu par la suite un diplôme de *MBA* délivré par une institution de premier rang en Angleterre. Il a débuté sa vie professionnelle comme consultant dans un grand cabinet d'audit. Il travaille depuis deux ans comme chef de département « travaux » dans Bat, une entreprise française qui appartient à un major international du bâtiment et des travaux publics. Marié depuis trois ans, il vient d'avoir la plus belle promotion dont puisse rêver un trentenaire ambitieux : il est devenu papa d'une petite Élodie, âgée de deux mois.

L'histoire démarre en février, un vendredi à 22 heures. Après deux longues journées de déplacement dans le sud-ouest de la France, Jean-Paul est installé avec son épouse Hélène au salon, regardant distraitement un programme de télévision, lorsque le téléphone sonne. C'est Louis, son superviseur, qui l'appelle. Louis, 40 ans, est un vigoureux fan de Jean-Paul. Il pense qu'il a la carrure pour aller haut, pourquoi pas jusqu'à devenir le grand patron de l'entreprise.

L'objet de l'appel est simple. Sortant d'un rendez-vous de travail avec sa direction générale, Louis a une fabuleuse nouvelle à annoncer à Jean-Paul. Il a réussi à convaincre tout le comité que Jean-Paul était la personne indiquée pour prendre en main un projet majeur et qui est stratégique pour l'entreprise. Il s'agit d'intégrer un important laboratoire d'essais situé en Écosse et que Bat vient d'acheter. Ce projet concerne certes l'ingénierie. Cependant il est surtout un projet de gestion sociale, des départs et des licenciements de salariés étant à envisager. Voilà un test idéal pour mesurer les capacités managériales de Jean-Paul !

Le problème, si l'on peut dire, est que, si Jean-Paul accepte, il devra partir en Écosse dès le mardi suivant, soit dans 72 heures, et ce pour une durée incertaine, entre six et neuf mois sans doute, voire peut-être plus, « *en fonction de ta capacité à faire aller vite les choses* », selon les mots mêmes de Louis. Ce dernier laisse bien sûr, de sa voix enthousiaste, 24 heures de réflexion à Jean-Paul. « *Quand même, c'est un truc à discuter avec Hélène.* » Mais il faut aller vite, d'autres candidats étant sur le pas de la porte. Néanmoins la récompense du succès sera énorme : diriger, par la suite, la *business unit* nord-américaine de l'entreprise, et ce à moins de 35 ans ! Du moins c'est ce que Louis laisse entendre.

Ce dilemme est un grand classique en entreprise : on le qualifie habituellement comme étant un dilemme d'obéissance. Dans une version appelée libérale du commandement, il est laissé toute liberté de choix au subordonné alors même qu'il est placé dans un contexte d'énorme pression à accepter l'offre. Imaginer les conséquences éventuelles d'un refus pour la carrière de Jean-Paul est évident…

Jean-Paul envisage très vite de refuser purement et simplement l'offre. Qui plus est, il va bien au-delà et se pose des questions de décence et de respect. N'est-il pas révoltant de jouer ainsi avec les cadres ? La nuit de vendredi est longue, même si sa décision est déjà prise : il n'ira pas. Cela pour trois raisons majeures à ses yeux.

On ne place pas des cadres dits responsables devant un fait accompli, présenté de surcroît avec une bonhomme générosité. Il faut être clair en affaires : soit on est généreux, soit on veut piéger et tester les gens. Jean-Paul place son refus sur le plan de la contestation morale de la façon dont l'entreprise s'y prend, par Louis interposé, pour lui faire croire qu'il a le choix, et que son choix est important pour elle.

Par ailleurs, le piège est grossier. Jean-Paul pense qu'il est choisi aussi parce qu'il vient d'être papa. De son choix, l'entreprise déduira aisément le degré d'engagement réel qui est le sien en tant que cadre clé : est-il prêt, comme tout futur leader qui se respecte, à sacrifier sa vie privée ? Jean-Paul conteste ainsi le modèle sous-jacent de leadership qui se profile derrière le dilemme. Il ne voit pas sa vie managériale comme nécessairement antagoniste avec sa vie personnelle, comme devant être un combat entre le privé et le public. Louis intime un ordre, en l'occurrence inacceptable pour Jean-Paul : choisir entre la sphère de l'entreprise et celle du cercle familial.

À quoi s'ajoute le fait qu'il n'aime pas vraiment l'Écosse.

Jean-Paul appelle Louis le samedi à 22 heures. Louis dînant avec des amis, il faut aller vite, comme toujours. Jean-Paul prend pourtant son temps pour lui expliquer qu'il n'ira pas. Louis reçoit la nouvelle avec le sourire habituel, sans surprise feinte. Il dit merci à Jean Paul pour sa rapidité de réaction et ajoute : *« À lundi, on en reparlera au bureau. »*

Jean-Paul sait, alors qu'il repose le combiné et qu'il reste silencieux pendant de longues minutes, se rendant compte des conséquences de ce qu'il vient de faire, que ses jours sont comptés dans l'entreprise. S'il va au bout de son refus d'obtempérer, il doit les compter d'ailleurs lui-même, pour être en cohérence avec l'argument de nature morale qu'il a porté dans son choix. Il doit quitter l'entreprise.

Il partira trois mois plus tard. Il remet le lundi même une lettre de démission à Louis, que ce dernier accepte sans broncher. Mais sans vraiment sourire.

L'entreprise vient ainsi de manquer un énorme coche dans cette histoire, somme toute banale, de refus de ce qui normalement ne devrait pas se refuser. La révolte de Jean-Paul est en effet un événement qui est porteur de plusieurs messages implicites ou latents, ce que l'entreprise n'a pas su voir et a enterré dans l'acceptation neutre et purement administrative qu'elle opère de sa démission. En particulier, cette contestation lance un signe social décapant à la direction.

Elle indique que la direction de Bat choisit ses cadres dirigeants à l'issue de mises à l'épreuve privées, de surcroît dissimulées par des arguments de façade, et non pas d'abord pour des raisons de compétences ou de passion. Le refus de Jean-Paul exprime l'idée que Bat ne respecte pas la vie des cadres, qu'au contraire elle l'instrumentalise pour un bien commun incertain, mal défini.

Son refus, une fois connu, alimente un ensemble de sentiments ambivalents chez les collaborateurs de Jean-Paul et chez ses pairs hauts potentiels présumés. A-t-il eu raison ? Est-il lâche et a-t-il peur devant un nouveau défi ? Que ferais-je à sa place ?

Deux attitudes se diffusent dans l'entourage de travail de Jean-Paul. Certains qualifient son comportement comme une preuve de son individualisme exacerbé. *« Il ne partageait pas les axes stratégiques de l'entreprise, on le savait depuis quelque temps, cela ne fait que le confirmer. »* Ils marquent leur distance et ne considèrent plus tout à fait Jean-Paul comme l'un des leurs. D'ailleurs un des collègues qui tient ce discours se verra confier le projet écossais et acceptera de le prendre en main. Trois mois plus tard, il reviendra en France avec un conflit social local sur les bras qui implique non seulement le personnel de ce laboratoire d'essais, mais également la municipalité du site. Ce qui ne prouve rien, bien entendu.

D'autres collègues, en revanche, prennent le parti de Jean-Paul. Ils se sentent solidaires de son sort et se risquent même à blâmer la direction. Ils rationalisent la décision de Jean-Paul sur le mode *« on n'a pas le droit de confronter quelqu'un de façon aussi sèche et rapide à un dilemme personnel »*. Quatre d'entre eux vont suivre Jean-Paul et quitter l'entreprise dans les douze mois, une vraie hémorragie de talents. Autrement dit, l'acte de rébellion de Jean-Paul ne reste pas anodin et sans effets de halo. Il provoque et alimente une cascade de discussions, de délibérations, de débats sur lesquels le management de l'entreprise n'aura aucune prise réelle.

La rébellion émet des signaux et établit des précédents. On pourrait imaginer que l'entreprise leur accorde de l'attention et surtout apprenne à s'en servir pour éviter soit une erreur de casting – car, au fond, il est clair que Jean-Paul était le candidat idoine pour un projet écossais qui verra passer en dix-huit mois, et à sa place, cinq responsables différents –, soit de considérables pertes de confiance générées, au sein du groupe des hauts potentiels, par l'information obscure et partielle qui découle toujours de ce type d'incident. Tel n'est pas le cas. Rien ne se passe.

De son côté, Jean-Paul trouvera rapidement un poste de directeur de division chez un concurrent de son entreprise. Trois ans après cette histoire, il était question qu'il prenne en charge un important projet basé aux États-Unis.

MICHEL ET LE PLAN DE LICENCIEMENT

Michel a 32 ans. Ingénieur de formation, il travaille depuis cinq ans comme responsable du département production dans une grosse usine qui fabrique du fil de pêche.

Un soir de décembre, le directeur France de cette entreprise, Fil, établie dans plusieurs continents, vient le voir dans son bureau. C'est la première fois que Michel le rencontre en face à face. Ce directeur est en visite dans l'usine qui est considérée comme un fleuron du groupe.

Michel nous raconte en détail le message que le directeur est venu lui apporter, après l'échange habituel de banalités et de cordialités.

> « Je le sentais à la fois fier et gêné, un sentiment bizarre… J'avais envie de lui dire : bon, accouche, dis-moi ce que tu as à me dire. Il faut dire que mon patron était un type pas chaleureux du tout… sa visite était forcément intéressée. Il me parle alors des résultats incertains de la branche cassettes du groupe, du fait que plusieurs sites doivent être fermés, et que des décisions drastiques ont été prises. Vient alors le couplet sur le fait que je suis très apprécié en haut lieu… et là, je commence à tourner dans ma chaise. Il finit par me dire qu'il est venu aussi pour tester l'idée que je pourrais devenir patron d'un site dans les Ardennes et employant 320 personnes, ce pour une mission claire : fermer ce site en six mois.
>
> Il me décrit cette mission comme passionnante, émotionnellement riche, dont on ne ressort pas indemne. Et il me demande ce que j'en pense.
>
> Je noie le poisson, je dis que je suis surpris, que c'est évidemment fort comme perspective et que je dois réfléchir. Je lui demande aussi si c'est une proposition ou un ordre. Il me dit que c'est une proposition, mais qu'il ne faut pas trop tarder à décider.
>
> Je le raccompagne à la porte de mon bureau. Je le sens soulagé, du genre j'ai rempli ma mission et la balle est dans l'autre camp. Mon premier réflexe est d'appeler un pote du boulot, car je ne peux pas garder cette proposition pour moi. Je suis pris entre deux sentiments.

La fierté, car je me dis que, peut-être, on veut me voir à l'œuvre sur un truc délicat. Et fermer un site, ce n'est pas un truc qu'on confie à n'importe qui : du moins c'est ce que j'imagine ! L'embarras, parce que fermer un site… moi je suis fils de technicien, mon père était dans le textile et a été licencié dans les grandes manœuvres qui ont affecté le textile dans les années 1970. Donc, pour mon affaire personnelle, je me retrouverais de l'autre côté, soit du côté des salauds.

Bref, ce n'est pas simple. J'ai besoin d'en parler avec la DRH avant même d'en parler à ma femme. »

Le lendemain, la directrice des ressources humaines de Fil appelle Michel pour un entretien express au téléphone. Elle est une gestionnaire de carrières qu'il a vue en tout et pour tout deux fois seulement en trois ans. Elle lui brosse un tableau de carrière accéléré suite à *« l'épreuve du site ardennais »*. Cette fois-ci, Michel n'a plus de liberté de choix. Une fois le site fermé, il deviendra patron d'un autre site classé comme stratégique par Fil, probablement à l'étranger, pour trois ans, avant un retour en fanfare en France, au siège de Fil, ou quelque chose comme ça.

Michel vit un vrai dilemme. Il veut saisir l'opportunité en même temps qu'il sent qu'il ne le peut pas. Il envisage les façons sociales et humaines de fermer un site. Il se voit aussi dans la peau du manager débarqué qui va mettre un grand coup de pied dans les vies de familles ardennaises sans doute pas toujours roses. Et qui repartira six mois plus tard, après avoir accompli la *« sale besogne »*, pour de plus vertes prairies. Peut-il faire cela ? C'est bien précisément ce que l'entreprise cherche à tester, à savoir le concernant.

Comment Michel va-t-il composer ou non avec des valeurs auxquelles il devrait opportunément renoncer pour saisir la chance que lui offre l'entreprise. Il se décide rapidement. *« On ne peut pas être manager et renoncer à ce type de boulot. Je ne suis pas un manager. L'entreprise m'envoie le message selon lequel je ne suis pas fait pour ce métier. »* Dont acte.

Michel est l'un des responsables de production les plus performants et appréciés de Fil. Il a remis à flot des processus de travail fort mal en point et des équipes moribondes. Il a créé un esprit d'équipe dans son unité de 80 personnes. Il est vu dans des notes de la direction des ressources humaines comme un excellent manager. Et pourtant il renonce à partir et finit par se dire que c'est beaucoup mieux ainsi. L'entreprise pousse l'un de ses meilleurs hauts potentiels managériaux à quitter le cercle managérial. En effet, l'épreuve qu'on lui demande est déconnectée de ses valeurs personnelles d'une manière qu'il ne se sent pas en mesure d'endosser.

Michel désobéit à son entreprise en déclinant l'offre. C'est du moins ce que retient une hiérarchie adepte du management sacrificiel, qui attend que ses cadres mettent entre parenthèses leur vie hors travail. Une explication plus douce souligne que Michel fait preuve de son énorme caractère en même temps que son entreprise n'est pas configurée socialement et intellectuellement pour reconnaître que la désobéissance est ici un excellent signe, un signe de cohérence, un comportement qui manifeste des qualités indispensables à la fermeture d'un site. Cela, son entreprise ne le perçoit pas, car elle n'est pas capable de lire la situation autrement qu'en termes de soumission ou de désobéissance. Elle interprète l'attitude de Michel comme une manifestation négative et décevante sur le registre du « *tant pis pour lui, il n'a pas su saisir la chance que nous lui offrons... on s'en souviendra* ».

TROIS CONSTATS À APPROFONDIR

Les histoires de Jean-Paul et de Michel suggèrent trois observations qui seront approfondies au fil des chapitres :

- le management des entreprises contraint les personnes en alliant la souplesse à la brutalité, en respectant les gens tout en ignorant leur personne ;
- ses injonctions, qui sont tolérantes et souples en apparence, se révèlent souvent peu compatibles avec d'autres sphères de la vie : le couple, les enfants, un projet de vie, des valeurs d'ordre moral, les relations avec les collègues proches ;
- il arrive que les cadres osent dire non à la domination sans fard, quasiment hégémonique, qu'exerce une appropriation du management moderne par l'entreprise.

Quand une entreprise repère ce qu'elle nomme couramment un cadre, et surtout un cadre à haut potentiel, elle prend mille précautions pour avoir l'assurance qu'elle a fait le bon choix. Le parcours du jeune élu ressemble alors souvent à celui d'un combattant plus ou moins conscient des raisons pour lesquelles il est l'objet de tant de sollicitations ou de rites de passage vers un destin supérieur : formations, rencontres, soirées de parrainage et, surtout, mises à l'épreuve. Par exemple, les dirigeants leur confient des missions délicates, celles que l'on offre uniquement à ceux en qui l'on place toute sa confiance. Dans ce parcours, le jeune élu est toujours situé face à l'alternative de l'acteur :

dire oui ou répondre non, se montrer disponible et souriant ou, à l'inverse, refuser de jouer le jeu et le faire savoir.

Quelle portée revêtent les rébellions de Jean-Marc et Michel ? Leurs histoires, assez banales somme toute, suggèrent que la chance d'être un élu de l'entreprise est loin d'être une évidence à chaque fois partagée. Elle se traduit aussi par des conséquences parfois inattendues. Pour l'heureux élu comme pour l'entreprise.

Chapitre 2

Entrer en rébellion

QUI DEVIENT REBELLE ? N'importe lequel d'entre nous. Qui plus est, sans prévenir, sans crier gare. Sans calcul préalable, sans y être prédestiné non plus.

Dans quelles circonstances bascule-t-on dans la contestation ? Quand on se met à rejeter, bille en tête, un élément précis mais fondamental du décor de l'entreprise dans lequel on œuvre au quotidien : la contrainte souple que l'entreprise exerce sur soi. Quand le management prend une forme hégémonique exagérée et qu'il devient franchement insupportable. Quand les invitations à tout donner de soi à la seule cause de l'entreprise aboutissent à l'effet inverse. Le mélange de ces trois ingrédients ouvre la voie à des comportements que même les rebelles n'osaient imaginer avant d'accomplir leur geste téméraire.

La scène suivante est authentique. Le moment que tous les présents attendent arrive enfin. Le grand patron de cette multinationale de l'horlogerie, figure charismatique des media internationaux, monte en scène devant les cent vingt cadres supérieurs et *executives* qu'il a rassemblés dans le grand salon d'un hôtel de luxe. Il ne marche pas, il court et virevolte. L'ambiance est électrique. Il parle.

> « Nous serons demain ce que nous aurions toujours dû rester : les meilleurs au monde. Nous allons réveiller les forces créatrices qui sommeillent dans nos centres de R & D, dans nos usines, dans nos filiales commerciales. Il n'y a pas le choix, pour moi, pour vous. Je demande à chacun de partager avec moi un engagement total. Je dis bien : total. Cela veut dire : pas de compromis. Toutes vos forces,

tout votre temps, toutes vos pensées iront à notre réussite et à notre travail. Tant pis pour le reste.

Vous n'êtes pas là où vous êtes pour en même temps penser à autre chose. Certains d'entre vous peuvent ne pas accepter le défi que je vous lance. Pour des raisons diverses : passer des week-ends à jouer au golf, vous intéresser aux femmes, ou encore autre chose. Vous êtes libres de choisir, c'est votre décision. Mais autant que les choses soient claires : ce ne sera pas avec nous que vous pourrez espérer quoi que ce soit. Vous pouvez toujours aller ailleurs. Quand on est ici, il n'y a plus d'heures. Nous n'avons pas le temps. C'est la guerre dehors, et nous voulons la gagner. Donc : ne venez pas me raconter que vous êtes trop occupé ou que vous êtes pris tard le soir par autre chose. Je n'ai besoin ni de petits-bourgeois qui ne pensent qu'à leur confort personnel, ni de barons qui sont heureux de leur sort, ni évidemment de poules mouillées.

Nous sommes des « movers », des « shakers », des « doers ». Je compte donc sur l'engagement total des managers. Votre énergie, votre intelligence, vous engager, c'est cela que j'attends de chacun. Une pensée, une obsession, et une seule. Quand on veut être un manager, il n'y a pas de compromis à faire et pas d'états d'âme à avoir. »

La salle crépite d'applaudissements. Un participant, apparemment subjugué, s'exclame : *« un boss comme cela, on le suivra au bout du monde »*. Son collègue et voisin se montre beaucoup plus discret. *« Tout cela est-il raisonnable ? Où va-t-on ? »* On le sent un peu réservé, voire sceptique si ce n'est embarrassé. L'entrée en rébellion le guette-t-elle ?

LE DÉSARROI DU REBELLE QUI OSE

Pourquoi diable Jean-Paul dit-il non au poste de responsabilité prestigieux qui lui est offert en Écosse ? Comment se fait-il que, de son côté, Michel tourne le dos à une promotion brillante ? Leur environnement proche est saisi d'admiration par le courage, inconscient peut-être, dont ils feraient preuve. Ils osent ! En même temps, et la plupart du temps, c'est un sentiment d'incompréhension qui domine chez les collègues de travail. *« Ça alors, je ne m'y attendais vraiment pas, surtout venant de lui. C'est à n'y rien comprendre !* » On plaint les conséquences que chacun d'eux aura à assumer.

Les raisons profondes des gestes de refus apparaissent loin d'être évidentes. Les résistants laissent leur entourage pantois. Personne en fait ne comprend vraiment ce qui conduit des cadres prometteurs et choyés comme Jean-Paul ou Michel à commettre de telles transgressions, qui correspondent à première vue à de véritables suicides professionnels. Sur le moment, chacun y va de son interprétation spontanée : les collègues de travail, les chefs petits et grands, les résistants eux-mêmes.

Expliquer la surprise suicidaire par des états pathologiques est une tentation. On cherche la faille : la fatigue, la déprime, le stress, la souffrance, l'humiliation. Le répertoire est large. Quelque chose en tout état de cause ne tournait pas rond en lui. Bref tout cela est irrationnel, anormal, maladif, renvoie à un trait de personnalité prédestinant Jean-Paul ou Michel à jouer au provocateur et à semer l'agitation. D'ailleurs ils auraient bien caché leur jeu pendant longtemps.

Les résistants eux aussi vivent dans un état de confusion. Michel et Jean-Paul s'expliquent mal le caractère brutal de leur réponse à la direction et la situation difficile dans laquelle chacun s'est placé. Leurs repères se brouillent. Leurs émotions prennent le dessus. Eux-mêmes ne savent plus et doutent. Ils n'ont pas d'explication cohérente à proposer de leur conduite. Ils se referment sur eux-mêmes. Ils se taisent. Savent-ils donc où ils en sont ?

Ainsi en est-il de Michel. C'est la direction des ressources humaines qui, en tant que gestionnaire de carrières, lui offre la mission de fermer une usine dans les Vosges, et cela en vue de développer son propre potentiel ! Or l'ironie du sort conduit Michel à rationaliser son refus d'accepter cette offre en reprenant à son compte le registre sur lequel la direction rationalise ses choix de cadres. Il admet bien volontiers qu'il n'est pas fait pour être manager. C'est lui, et non pas la direction des ressources humaines, qui se sent responsable de l'échec. Il dédouane l'entreprise de sa responsabilité qui est de ne pas voir le dilemme dans lequel Michel a été coincé.

Bruno déstabilisé par sa propre audace

L'histoire de Bruno illustre l'état de confusion qu'affronte un rebelle et les séquelles qu'elle laisse.

Rien ne permettait de prévoir qu'un jour Bruno transgresse délibérément les règles du jeu et rende public leur rejet. À seulement 42 ans il dirige l'implantation en Asie d'un circuit de distribution de produits industriels destinés aux artisans et aux particuliers. Le concept de magasin et de prestations sur lequel cette enseigne est révolutionnaire. Le marché local est gigantesque et ses besoins sans limites. Bruno est décrit par le siège de sa société, Brick, comme un manager de grand talent, charismatique à souhait, sachant entraîner ses troupes, déterminé, sur qui on peut compter aveuglément, sans états d'âme, qui a la foi et une grande aptitude au contrôle de soi.

Nous le rencontrons à l'occasion d'un stage de formation que Brick destine à ses cadres à haut potentiel. Chose surprenante, le Bruno qui nous fait face ne ressemble en rien au profil décrit par ses grands chefs. Il a l'air quelque peu étrange. Il alterne des phases de silence, tapi dans son coin, et des moments d'agitation nerveuse, interpellant assez durement les personnes qui passent à côté de lui. Sans façons il entre dans la salle où le séminaire se déroule ou en sort. À entendre deux de ses collègues, Bruno aurait beaucoup changé depuis quelques semaines, pour des raisons de stress ou par suite de graves problèmes privés.

Un soir, au bar de l'hôtel, nous engageons la conversation avec lui.

Nous

« Cela doit être passionnant d'avoir ainsi à construire à partir de rien un business comme le vôtre dans ce vaste pays, non ? Tout marche donc bien ? »

Bruno

« À fond… même si parfois je me demande si cela marche vraiment bien. »

Nous

« Ah bon ! Pourtant tout le monde dit que vos deux premiers magasins sont déjà un énorme succès. Et même que vous êtes en train d'inventer un concept de grande distribution unique au monde. »

Bruno

« Je ne suis peut-être pas fait pour être un manager, après tout. »

Et Bruno de se lancer dans une tirade violente contre la bêtise et la couardise de ses supérieurs. Ceux-ci ne tiendraient pas leurs engagements, notamment la promesse donnée il y a un an déjà de financer l'ouverture rapide de sept nouveaux points de vente. Bruno considère le report à deux ou trois ans de la budgétisation de ces investissements comme une erreur vitale, comme une chance donnée aux concurrents de gagner le marché d'une riche métropole en Asie. À la question consistant à savoir ce qu'il peut faire pour que les implantations de nouveaux magasins soient effectivement budgétées, il répond *« pas grand-chose »*. Peut-être ce pessimisme agressif tient-il à sa personnalité, crainte et jalousée, à son côté fonceur et activiste, à sa foi inébranlable dans la justesse de sa vision ou à l'aversion au risque et à l'innovation de sa hiérarchie.

Bruno doute, à commencer de lui-même. Il raconte un épisode récent qui lui tient à cœur, qu'il n'arrive pourtant pas à formuler avec aisance et recul. Il vient, il y a à peine quelques jours, de commettre un acte qu'il juge comme lourd, qui transgresse les manières de faire en vigueur dans le groupe mondial auquel son *business* est rattaché : interpeller directement le grand PDG de Brick, en court-circuitant les deux échelons hiérarchiques qui le séparent de lui. Celui-ci était venu inspecter les implantations industrielles et commerciales que Brick possède en Asie. La veille de son retour en Europe, un cocktail est donné en son honneur, qui réunit les 160 cadres établis sur place. Bruno est du nombre. Il réussit au cours du cocktail à se faufiler à travers le cercle des sept ou huit hauts dirigeants qui entourent le PDG et à obtenir son oreille pendant une petite minute.

> « J'ai juste eu le temps de lui dire : "Président, vous connaissez le *business* dont je m'occupe. Je voudrais vous dire que les projets ne sont pas budgétés pour cette année et pour l'an prochain, contrairement à ce qui figurait au plan stratégique pluriannuel établi par votre siège il y a deux ans et demi. Si je dois attendre encore deux ans de plus, la question est posée de notre leadership sur le marché." J'ai été aussi sec invité par un de mes supérieurs à me retirer du cercle : "Mon petit, le Président est fort occupé."
>
> Je suis rentré chez moi. Je me sentais un peu mal. Je savais que j'avais commis un sacrilège. Le Président ne parle pas au petit peuple. Lui appartient à la crème de la crème, c'est un "big shot" ! Moi je suis quelqu'un de fort ordinaire, de ceux qui ne sont rien, des autodidactes, des déclassés sortis d'une école d'ingénieur moyennement prestigieuse. Cela ne se fait pas chez nous de se montrer trop direct quand on n'est pas du même milieu que le grand chef. Ma connerie infantile sera irréparable.
>
> J'attends depuis, d'un jour à l'autre, de me faire réprimander par mon supérieur. Et de devoir quitter la société. J'aurais mieux fait de me taire. D'ailleurs, ce serait bien que je voie un coach professionnel. Pour apprendre à me contrôler. Tout cela est de ma faute. Il me faut chercher un autre job. »

Quand ces propos de Bruno sont évoqués par ses collègues présents dans le stage, ils les commentent ainsi : *« Vous voyez bien que Bruno a disjoncté, il perd la raison. »* En même temps, ils admirent sa témérité : *« Lui, il croit à ce qu'il fait »*, tout en ajoutant avec compassion : *« le pauvre ! »*.

Un état de confusion

Ni son état de stress momentané ni son profil psychologique inné n'expliquent pourquoi une personne entre en rébellion contre le management de son entreprise. Ce ne sont pas les cadres et salariés frustrés, paresseux, frondeurs, marginalisés, placardisés, qui nourrissent le plus les mouvements de contestation. Bien au contraire.

Bruno, Jean-Paul et Michel sont des individus en tout point normaux, sinon normalisés jusqu'à l'ultraconformisme, comme en témoignent leurs performances et leurs conduites. Ce ne sont pas des déviants congénitaux. Rien ne permet de les classer aux yeux de leur hiérarchie et des responsables de ressources humaines au rang des êtres imprévisibles, incontrôlables et extravagants. Ils ne cultivent aucun romantisme du malaise et de la provocation. Leur vie privée est normale. Bref ils ne fournissent pas de la chair à canon pour du coaching. Ils incarnent au contraire le modèle type du manager bien sous tous rapports. Ils se montrent respectueux des attentes et des façons de faire de leur direction. Ils adhèrent à leur entreprise au point de faire corps avec elle.

Or, un jour, ils accomplissent un geste parfaitement inattendu et sacrilège : ils disent non. Ils font sentir que cela suffit, ils adoptent une attitude qui brise leur image. Ils ne se conforment plus. Pire, ils se rebellent. Ils attaquent les pouvoirs en place. Jean-Paul et Michel refusent même le bien que l'entreprise veut leur faire. Plus précisément, ils suspendent dans leur milieu de travail le temps de l'hégémonie managériale et de la domination douce. En même temps ils passent par toutes sortes d'états émotionnels. Des périodes de doute tenace, de défaitisme et de remise en cause alternent avec des moments d'ivresse, d'exaltation et de prise de risque maximale. Ils adoptent une logique de l'honneur à la Don Quichotte tout en s'adonnant à des penchants pour l'autodestruction.

L'IRRUPTION DU MOI PRIVÉ

Un trait essentiel des conduites de résistance est qu'à travers une situation singulière qui se crée ici ou là, autour de tel ou tel cadre qui ne joue plus le jeu, sa sphère privée entre dans l'entreprise alors que celle-ci la tenait à l'écart. La rébellion naît et éclate brusquement parce que, à ce moment précis, un cadre se confronte à une situation, à un dilemme qu'il ne peut plus résoudre. Le monde hors travail, jusque-là tenu à l'écart, se confronte avec le monde du travail au point que les deux apparaissent inconciliables.

Les histoires de Jean-Paul, Michel et Bruno montrent l'irruption de la sphère familiale, de la morale ou encore du statut social dans la sphère publique et professionnelle. La rébellion est un temps où le management et les salariés découvrent que dans l'entreprise c'est comme dans la société.

Autrement dit, les décisions radicales que prennent Jean-Paul, Michel et Bruno par rapport à leur travail et à leur entreprise sont dictées par le fait que la barrière qui isolait jusque-là leur sphère publique professionnelle de leur sphère privée, morale et émotionnelle, s'est effondrée. À cet instant, plus rien ne tient les deux mondes à l'écart. Toutes sortes d'éléments qui étaient tenus hors de l'arène du travail déboulent en bloc. Ils vont compter lourdement, autant sinon plus que la carrière, le savoir-vivre ou la subordination à l'employeur.

Quelques minutes avant ce qui apparaît comme un coup de tête pour le moins maladroit, Jean-Paul, Bruno et Michel avaient encore manifestement toute leur raison. Et voilà qu'ils basculent dans la déraison apparente. Leur réflexe n'est pas celui d'enfants trop gâtés qui ne se sentent plus. Leur refus traduit en fait une réponse rationnelle face à un contexte devenu impossible à gérer par les voies habituelles.

Il est intéressant d'entendre les contestataires parler de leur vécu quand, d'une manière ou d'une autre, l'histoire de rébellion qui est la leur sera terminée. La douleur n'est certes pas totalement absente. En même temps ils évoquent des sensations empreintes de soulagement et même de fierté. « *Ce fut un des meilleurs moments de ma vie ici, le jour où j'ai dit merde* », dit l'un. « *Il y a un côté jubilatoire à devenir un être différent, à être à part, à être vu comme tel* », s'exclame un autre. Pour un troisième, « *ça prenait un sens, c'était autre chose que de se foutre de la gueule du boss, c'était lui dire en face ce que je pensais de lui et de l'hypocrisie de ses arguments* ». Comme si la contestation offrait une occasion de se défouler, de dire au management ce qu'on pense de lui, d'entreprendre une catharsis qui soulage de tensions refoulées et de non-dits accumulés. Réduire leur rébellion à un défoulement relève pourtant d'une explication un peu primaire. Qui plus est, on ne saisit pas pourquoi, à tel moment précis, mais pas dans d'autres circonstances, tel cadre se met à contester, à dire non.

Les histoires narrées dans ce livre indiquent que les cadres se révoltent quand leur sphère privée fait irruption dans la sphère publique de l'entreprise.

Il y a des choses qui comptent, et d'autres non, disent les Jean-Paul, Bruno et autres Michel. Ils se mettent un jour à faire ce qu'ils ne faisaient pas vraiment jusque-là. Ils différencient l'essentiel – leur propre sphère personnelle –, de l'accessoire – la sphère de l'entreprise. Leur contestation se traduit par le fait qu'ils ne se laissent plus faire. Le rapport se renverse entre le monde extérieur, dont leur sphère personnelle est le centre de gravité, et l'entreprise, sans crier gare. L'accessoire est désormais ce qui vient de l'entreprise. Les gens résistent en important dans l'entreprise des choses puisées par eux ailleurs. L'ailleurs s'invite dans l'entreprise par ces résistances. La société entre sur le lieu de travail.

Cette irruption se manifeste de multiples manières. Une première est alimentée par la menace que fait peser la carrière professionnelle sur la vie domestique. Des contreparties, que le salarié considérait avec une relative indifférence, voire comme normales – absences fréquentes du domicile pendant la semaine, abandon de loisirs sportifs, etc. –, sont des pratiques courantes qui, brusquement, sont refusées. Elles ne passent plus. Elles hérissent le poil. Le management ignore la sphère privée comme s'il voulait, encore une fois et de façon encore plus dure qu'à l'ordinaire, tester le dévouement du cadre à son entreprise et à sa propre réussite professionnelle.

C'est le cas de Jean-Paul. Le vendredi soir, lorsque son chef, Louis, l'appelle pour lui annoncer l'honneur d'être choisi et lui proposer la responsabilité de la filiale écossaise de Bat, ce sont la vie conjugale et le rapport à son enfant qui surgissent dans l'espace jusque-là clos et hermétiquement protégé de sa vie de travail. Certes, et à la marge, en termes de temps, l'offre ne ferait qu'accentuer un état de fait. Jean-Paul est souvent absent de chez lui. Et même quand sa femme le voit à la maison, il lit et rédige son courrier électronique. Le week-end qui suit l'offre de Louis, le sentiment que trop c'est trop est attisé en lui par une sorte de révélation brutale, par un travail douloureux de prise de conscience : le cynisme dont l'entreprise ferait preuve à travers Louis. Ignorent-ils donc vraiment que Jean-Paul a femme et enfant ? L'Écosse, certes, mais aussi et surtout le délai de réponse court qui lui est laissé et le fait de partir là-bas au plus vite à temps plein. Le brillant cadre qu'est Jean-Paul ne peut plus ignorer le mari et le père qu'il est aussi, sa volonté de réussir dans sa sphère affective et domestique. Et si, une nouvelle fois, ce n'était pas Louis qui voulait l'obliger à placer son allégeance à l'égard de son entreprise au-dessus de tout le reste ?

Les causes de rébellion relèvent d'expériences morales. Michel, par exemple, associe le poste de directeur d'usine qui lui est offert et surtout le plan de licenciement qu'il devra opérer, au vécu de son père, mis au chômage par la fermeture de son usine il y a déjà longtemps certes, mais dont le traumatisme psychique et la honte sociale continuent à marquer le milieu familial. Pour Michel, cette association est bien plus qu'un hasard malheureux, elle ravive une blessure moralement insupportable, comme si l'épreuve infligée par l'entreprise consistait à accepter un rite de passage vers la carrière de dirigeant en contrepartie du reniement de la dignité de son père. La brillante carrière de demain s'enracine dans un rapport incompatible avec le passé familial et dans le rejet de valeurs morales privées. L'offre de l'entreprise provoque le retour au passé et le lien entre soi et des clivages sociétaux.

Les causes sont des événements vécus comme des dénis de valeurs profondes. La sphère publique de l'entreprise détruit la sphère privée quand et comme cela l'arrange. Ainsi Bruno vit-il le refus budgétaire que lui oppose la hiérarchie de Brick comme une façon que celle-ci a de lui rappeler ses antécédents en termes de nationalité et de couleur de peau. Alors que sa hiérarchie est d'origine française, et française uniquement, lui est d'origine asiatique, même s'il possède par ailleurs la nationalité française et a été formé par les universités françaises. Par ailleurs il parle une langue asiatique qui est étrangère à sa hiérarchie.

Les chefs directs de Bruno mêlent des éléments hors travail à des éléments de travail. Ils dénigrent le jugement des affaires sur leurs seuls mérites et ouvrent la porte à des critères personnels – les origines sociales et nationales de qui les gère. La pression devient inadmissible et grossière à son goût.

> « Avant cette affaire, mes origines avaient déjà dû jouer un peu. Pour et contre moi, cela dépendait des circonstances. Bon, ainsi va la vie… Mais cette fois-ci, non, mes chefs dépassent les bornes… pas tant parce qu'ils se sentent un peu supérieurs par rapport à moi, parce qu'ils sont français de naissance, et moi pas, ou parce que je serais peu fiable, mais parce que certains m'ont clairement dit qu'ils voulaient restreindre au maximum l'ampleur de mon projet et parce ce qu'ils font appel à des arguments insupportables. »

Prendre conscience de l'existence de décalages ou de doubles discours, être témoin d'injustices, conduit les futurs rebelles à mobiliser des ingrédients sociaux et sociétaux en dehors de l'entreprise.

PHILIPPE OU COMMENT SE JOINDRE À UNE RÉBELLION EN MARCHE

Comparée aux histoires de Jean-Paul, Michel et Bruno, celle de Philippe est intéressante parce qu'elle en diffère de deux manières.

D'une part, Philippe est un suiveur. Ce cadre de 40 ans travaille au sein de la R & D d'Agro, une multinationale agrochimique. Philippe n'est pas le pionnier d'une rébellion, le fondateur d'une résistance. En fait il se rallie à un mouvement de contestation qu'a lancé Marc, son collègue de département. Marc s'élève contre les conditions dans lesquelles une mesure prise par la direction générale de l'entreprise vient d'arrêter tout net et de façon tout à fait inhabituelle un programme de R & D couvert par un autre chef de projet.

D'autre part, Philippe lui-même est porteur d'un contentieux qui ne date pas d'aujourd'hui, et qu'on aurait *a priori* pu croire refroidi, sinon oublié. Pour lui, tout se passe comme s'il avait attendu un moment opportun pour se mobiliser comme suiveur d'une rébellion et au nom de sa propre cause ancienne. Philippe n'agit pas par impulsion apparente, à chaud. Il attendait son heure. Il va aider Marc à faire monter la température. Il s'engage dans la clique de pairs qui se mobilise pour appuyer et prendre à son compte la protestation de Marc.

Philippe, il faut le noter, ne correspond pas tout à fait au profil de manager à haut potentiel, au contraire de son collègue Marc. Il est en décalage par rapport aux critères de sa direction. Car Philippe, loin de la personnalité sage et disciplinée dont Marc serait une illustration, est perçu et se vit d'ailleurs comme une sorte de révolté permanent. Il est déjà révolté contre lui-même, car il s'en veut de ne pas être celui qui a pris l'initiative. *« Le problème dans ces coups-là, c'est que je ne savais pas. Quand on ne connaît pas les tenants et les aboutissants d'une décision, que voulez-vous qu'on fasse ? On constate et voilà, ou bien on ne sait pas. »*

En tout cas, Philippe raconte avec ferveur cette expérience.

> « On est endormis dans cette boutique, ça doit être comme ça partout. Le message que Marc m'a envoyé m'a réveillé. Je me suis dit à quel point le boulot dont on nous surcharge est un moyen de nous rendre aveugles sur des trucs aussi simples que comment va le copain, ou comment les autres chefs de projet font leur job, qu'est-ce qui arrive aux gens quoi ? On n'a juste pas le temps de voir les gens, ça m'a secoué de voir comment on avait pu humilier, soit littéralement tuer moralement un mec comme ça, par le fait d'arrêter son projet sans autres raisons que celle de faire un exemple. J'ai juste trouvé cela dégueulasse… »

Philippe agit davantage sous l'emprise de sa passion que par rationalisation froide. Il se dit qu'il se passe des choses *« pas très catholiques dans l'entreprise »*. Il s'appuie sur des lectures pour faire comprendre la nature de son engagement.

> « J'ai vite constaté que les gars étaient dans le truc d'améliorer le fonctionnement de la boîte et tout ça, et je pense que ça a été fait pour se faire entendre. Mais moi, ça ne m'intéressait pas. Je suis un gros lecteur de bouquins genre actualité sociale et politique, je lis régulièrement *Charlie Hebdo* et aussi *Libération*. Ce qui se passe dehors m'intéresse beaucoup. Et je venais de tomber sur un article de je sais plus qui sur la souffrance dans le travail ou quelque chose comme ça. Il y avait vraiment des trucs qui m'avaient choqué et je me sentais très concerné. Et il y a là-dessus le mail de Marc. Alors mon sang n'a fait qu'un tour.
>
> Dit comme ça, ça fait idiot. C'est comme si ce qui se passait dans cette entreprise était du même ordre que ce qui se passait dans d'autres entreprises. Vous voyez, dans la boîte, ce n'est pas le genre grande Internationale des cadres. Mais c'est qu'on est tous dans une même galère. Il y en a qui se droguent, et qui partent en vrille à cause du boulot. Je voyais un truc du même acabit chez nous avec le coup que le collègue avait pris sur la tête… alors j'ai renvoyé un mail virulent pour dire à Marc que, oui, il fallait se bouger. C'est un peu mince, certes, mais c'était vraiment le moment pour moi ! »

Malgré tout ce qui sépare Philippe de Jean-Paul, Bruno et Michel, Philippe lui aussi entre en rébellion sous la double pression de lectures et d'une décision managériale contestable. Il met fin à un silence dans lequel il se trouvait plongé *« par la force des choses, faute de temps pour parler. On a tellement le nez dans le guidon dans nos affaires que quand on rencontre des collègues et tout ça, on a plus tendance à parler sport et politique politicienne qu'à parler de choses un peu fortes quoi. On se détend, la discussion dans l'entreprise c'est la détente, ce n'est pas la politique ! »*

Philippe importe dans l'entreprise des raisons de croire en une sorte de cause commune – en l'occurrence celle de la souffrance au travail – pour contester avec d'autres la décision d'arrêter le projet du collègue. La contestation lui fournit des occasions inespérées d'échange et de discussion par intranet avec des gens dont il ne verra peut-être jamais le visage. Et il a le sentiment diffus de participer à un mouvement plus large.

> « Dès le début ça a été bizarre. Mais je ne sais pas réagir comme ça à un mail. On entrait dans de l'intime et en même temps dans un truc qui nous rassemblait tous. Au-delà des gens de l'entreprise, c'était ce truc qui était bizarre pour moi, une affaire interne c'est sûr, une prise de position très personnelle après coup, et pourtant sur un sujet presque d'intérêt général ! »

Cette confrontation entre l'intime et le général explique la révolte de Philippe. Il a le sentiment de participer à quelque chose qui va au-delà de la production de meilleures performances des projets dans son département. À vrai dire, ce n'est pas cela qui l'intéresse du tout.

> « Je comprenais que Marc veuille porter le débat sur le terrain des critères de décision dans les phases ultimes de projets, mais je m'en foutais radicalement. Moi je voulais envoyer un message à ces chefs qui se croient parfois tout permis, qui n'en font qu'à leur tête sous prétexte qu'ils ont fait des grandes, des très grandes écoles ! »

Pour Philippe, la contestation est presque une histoire personnelle. On pourrait parler de *« vengeance »* face à ce qu'il perçoit comme étant des *« mafias internes »*. Il est bon de prouver parfois à ces mafias qu'elles n'ont pas toujours raison, tant s'en faut. Philippe n'a d'ailleurs pas eu la carrière qu'il avait en tête lorsqu'il a intégré l'entreprise à la sortie de son diplôme d'ingénieur, comme assistant puis technicien en chef puis chef de projet. Il fait montre de frustrations et aussi d'une histoire d'échec qui remonte à quelques années.

> « C'était un peu un quitte ou double pour moi. Je devais prendre en charge une option technique très ambitieuse sur un gros projet, j'avais démontré à plusieurs reprises que j'avais des idées, et que, même si je n'étais pas docteur ou ingénieur en agronomie, j'avais de vraies capacités et expertises. J'ai su plus tard que des personnes s'étaient directement opposées à ma nomination parce que mon profil n'était sans doute pas assez reluisant. Je ne l'ai jamais digéré. En fait, j'ai eu l'impression de me faire avoir, d'être l'objet d'une sanction pour des raisons non pas de manque de qualification mais de rivalités corporatives. »

À QUI LA FAUTE ?

Les histoires suggèrent une leçon. Une rébellion résulte de pannes de l'entreprise. Elle n'est pas l'effet ou la manifestation de pannes des personnes. Certes, qui sont et ce que font les rebelles sont des facteurs qui comptent. Néanmoins, s'ils entrent en rébellion, c'est que l'entreprise les y aide beaucoup. Plus précisément, ce sont les ratés du management et leurs conséquences pour les cadres eux-mêmes qui font la différence.

Les organisations économiques qui, intentionnellement ou pas, gomment, négligent, nient ou expulsent de leur sein toute référence à la sphère hors travail à laquelle se rattachent leurs membres, sont confrontées, à un moment ou à un autre, au phénomène de rébellion. Les rébellions surgissent de besoins de parler d'autre chose que de ce qui relève de la sphère publique de l'entreprise.

Le management parle aux salariés de carrière, de distinction, d'investissement de travail, de patriotisme, de maison, de dévouement et de conformité. En quelque sorte, il privilégie ce qui fait que les Jean-Paul et autres Michel se fondent dans le collectif. En parlant de sphère privée et de ce qui est hors travail, en les faisant surgir comme besoins, aspirations et normes tout aussi légitimes de leur destinée dans l'entreprise, les cadres rebelles reviennent à ce qui leur appartient en propre, à chacun. Ils rappellent à leur hiérarchie ce qui les distingue en tant que personnes, des valeurs privées que chacun considère comme une part de ses raisons d'être ici, dans une fonction donnée et dans une entreprise donnée.

Les gens ne sortent pas de la conformité et de la sphère du travail pour des raisons liées à leur seul bon plaisir, à leurs penchants égocentriques, parce qu'ils sont sous l'emprise de passions déraisonnables. S'ils entrent en rébellion, c'est d'abord pour des raisons pratiques. La rébellion est pour eux une façon de résoudre les problèmes que leur pose l'irruption de la sphère personnelle et privée dans celle, publique ou managériale, de l'entreprise. La contestation est mue par un projet pragmatique.

Jean-Paul, Michel ou encore Bruno se retrouvent acculés par le fait du mode de management appliqué dans leur entreprise respective. Pour se sortir de là, ils résistent. Ils ne jouent plus le jeu. Certains s'en vont rapidement. Jean-Paul, mais aussi Michel dans la foulée, quittent leur entreprise parce qu'un arrangement ou un échange comme celui que leur impose le management les coince. D'autres résistent. Bruno, pour sa part, tente l'impossible et, au lieu d'être tué, arrive à gagner, d'ailleurs à sa grande surprise. Entrer en contestation consiste bien à dire non, à résister pour ne plus être coincé, à la limite à partir de sa propre initiative avant d'être chassé.

On peut ainsi parler de ratés du management. Ils se produisent lorsqu'une entreprise ne fournit plus les moyens idéologiques, culturels et moraux nécessaires pour résoudre les problèmes posés par les dirigeants aux cadres, et aux dirigeants les problèmes posés par les cadres. La rébellion concrétise et rend visible le fait que le management est défaillant. Un cadre entre en contestation parce qu'il est soudain lassé de subir les ordres d'un superviseur désagréable et moins compétent, parce qu'il se sent blessé par une offre qui ne se refuse pas mais qui le coince et lui donne le sentiment d'être manipulé, parce qu'il se sent pris pour un con ou parce qu'il se voit refuser un minimum de respect.

Il s'interroge, cherche la raison qui provoque son geste extrême et, par conséquent, la cible à affronter. Sur le moment, les choses ne lui paraissent pas très claires. Qui accabler, qui mettre en cause, à qui imputer le fait d'être obligé de dire « cela suffit comme cela » ? À qui résister ? Rien n'est vraiment certain sur-le-champ. Car la rébellion opère le plus souvent dans un contexte d'agression interpersonnelle. Les histoires de résistance sont, à première vue, des histoires de personnes qui s'opposent les unes aux autres. Les rebelles sont enclins à individualiser le sort qu'ils subissent discrétionnairement, à désigner un bouc émissaire, à évoquer des complots ou des maladresses impardonnables.

Pour Jean-Paul, est-ce Louis qui l'aurait lâché en rase campagne face à la direction ? Pour Michel, est-ce la directrice des ressources humaines de Fil qui tente de résoudre à bon compte un problème – celui de remplir un emploi vacant ? Pour Bruno, est-ce un coup fourré de son chef direct, un Français pur jus, pour tenter de le mettre au pas, de le faire rentrer dans le rang et de reprendre sous contrôle un manager d'origine asiatique qui, de surplus, lui échappe un peu ? Les fantasmes fleurissent.

À regarder les histoires de plus près, cette résistance ne peut être réduite à des motifs seulement d'ordre interpersonnel. Le blâme n'est pas attribuable à des dynamiques uniquement liées à des rapports entre des individus spécifiques en chair et en os. La dynamique est nourrie en dernier ressort par un contexte, un arrière-fond qui constitue à la fois le décor des agressions et leur raison même. Cet arrière-fond est ce qui contextualise des logiques de domination et des emprises du pouvoir managérial qui échappent à la plupart des cadres qui vivent et œuvrent dans les entreprises. Il traduit un type de management discrétionnaire, non humanisé, aveugle. D'une certaine manière, c'est lui, phénomène sans visage et muet, qui est à blâmer, plus encore que tel dirigeant qui endosse la décision et porte les messages.

Chapitre 3

Le décor du management

LE MANAGEMENT suscite beaucoup d'illusions et de fantasmes quant à ses rapports avec la société. Il inspire ses laudateurs inconditionnels et ses gourous patentés. Il obsède ses critiques en chaise longue. Tantôt il est réduit à une prison, tantôt il est censé être un terrain de jeu. Une observation fine des rébellions de cadres suggère que ni l'une ni l'autre de ces métaphores ne tient la route.

Nous montrerons que l'appropriation du management moderne exerce sur les cadres une véritable hégémonie lorsque l'entreprise ne fait pas appel à un levier de renforcement de la cohésion que nous appellerons la force du vestiaire. Cette force se construit, à l'exemple de ce que pratiquent certains clubs sportifs, dans le secret du vestiaire, entre joueurs seulement, hors de la présence des dirigeants, cadres techniques et propriétaires du club. Elle facilite la mise en concordance du dedans et du dehors, de la vie sportive ou publique et de la vie privée ou hors travail sportif des joueurs.

LA LOGIQUE CARCÉRALE

L'entreprise contemporaine est un lieu à la fois de soumission et de rébellion. Contestation individuelle et hégémonie managériale forment un couple inséparable sur cette scène. Parfois le décor agresse, déplaît, pâlit ou devient sombre, selon les circonstances. Ce sont certes des circonstances singulières et conjoncturelles qui bâtissent les possibilités de résistance. Cependant l'hégémonie est toujours en arrière-fond. Certes nul ne songerait à contester le principe qu'un groupe restreint de personnes gouverne le destin des entreprises. Il faut bien des élites pour gouverner. Les histoires de subversion accompagnent alors les contes et les légendes de l'hégémonie managériale qui s'empare des entreprises.

L'hégémonie

L'hégémonie est une notion qui a gagné du terrain dans les recherches en politique mais aussi dans le discours public après la Seconde Guerre mondiale. Elle résulte en particulier de la dissémination des travaux du révolutionnaire italien Antonio Gramsci (1891-1937). Durant son long et tragique emprisonnement sous le régime de Mussolini, il commet plus de 3 000 pages intitulées les *Écrits de prison*[1]. Il y explique pourquoi la soi-disant inévitable révolution socialiste prédite par les marxistes orthodoxes, dont Lénine, ne s'est pas produite à l'orée du XXe siècle. La raison est imputable au fait que le développement et la puissance du capitalisme ne se font pas uniquement par la violence et par la contrainte économique, mais aussi par le biais d'une idéologie, d'une « culture hégémonique » dans laquelle les valeurs de la bourgeoisie chrétienne deviennent le lot commun culturel de chacun.

L'hégémonie est donc la possibilité qu'un régime donné, comme le régime capitaliste, produise un consensus sur les valeurs. Il en résulte quelque chose d'étrange. L'hégémonie fait en sorte, par exemple, que les classes ouvrières elles-mêmes, pourtant dominées, arrivent à s'identifier suffisamment à la bourgeoisie dominante pour contribuer au maintien pacifique de l'ordre social plutôt qu'à la multiplication des révoltes. Car tout pouvoir, quel qu'il soit, doit d'abord chercher à exercer un leadership moral et intellectuel dont découlera ensuite la puissance économique et entrepreneuriale. Il tend à établir les bases d'un consentement autour de valeurs, car c'est ce type de consentement qui permet de forger des destins collectifs durables.

Qu'y aurait-il de carcéral dans une entreprise ? L'une des métaphores les plus usitées pour décrire les entreprises est celle de la cage de fer. Déjà en 1914, Max Weber décrit l'organisation moderne du début du XXe siècle comme un univers de règles et de procédures[2]. Les personnes s'y effacent, réduites à une fonction et à un rôle. Elles ressemblent à des pions placés sur un échiquier compliqué et policé que contrôlent des bataillons de petits cadres disciplinés et que dessinent des experts lointains, sinon inconnus.

---

1. Gramsci A., *Lettres de prison (1926-1934)*, Paris, Gallimard, 1971.
2. Weber M., *Économie et société*, Paris, Pocket, 1995.

Il serait difficile de s'extraire d'une telle cage de fer. Car tout y est codifié et soumis à des règles. D'une part, ces procédures ne cessent de se multiplier, une procédure étant créée à chaque nouveau problème. D'autre part, elles finissent par se croiser entre elles, jusqu'à aboutir à des impasses ou à des contradictions. Des œuvres littéraires comme *Le Château* de Franz Kafka montrent bien comment un individu ne peut pas se dépêtrer, ni trouver un chemin personnel dans l'entrelacement infini des règles et le labyrinthe des bureaux qui s'ouvrent, se ferment et se déplacent de façon apparemment incontrôlée.

Bien entendu, il serait ridicule de croire que l'entreprise ressemble à un bagne, à un camp de travaux forcés. Et il serait exagéré de la définir comme une institution totale, au sens que lui donne le sociologue canadien Erving Goffman[1], soit un lieu de résidence et de travail où un grand nombre d'individus, placés dans la même situation, coupés du monde extérieur pour une période relativement longue, mènent ensemble une vie recluse dont les modalités sont explicitement et minutieusement réglées et voient leur identité détruite. Dans le cas de nos histoires de rébellion, la sphère publique de l'entreprise ne régit pas l'ensemble des aspects de la vie de ses salariés, à l'exemple des firmes qui au XIXe et au début du XXe siècle fournissaient le logement, l'école de leurs enfants, une formation professionnelle maison et des lieux de loisirs ou de pratique religieuse à leurs familles, dans des villes et quartiers situés à part de la société. La prison qu'est l'entreprise n'est pas à proprement parler physique, gardée par des miradors et des barbelés, avec un territoire bien bordé et isolé du reste de la société. Après tout, on rentre chez soi, dans son foyer, le soir. Mais néanmoins enfermement il y a.

Cet enfermement est, dans la vaste majorité des histoires de rébellion, subtil. Il est d'abord et avant tout de nature psychique. La logique de la prison est de nature informelle. Elle se révèle d'autant plus puissante et envahissante. En effet, on emporte souvent avec soi son travail et son entreprise, sous forme de soucis non réglés ou d'épais dossiers. La sphère publique de l'entreprise rattrape l'individu jusque chez lui, dans sa famille, dans ses loisirs, grâce aux merveilles de la communication omniprésente : portables, ordinateurs, téléphones sont toujours à pied d'œuvre et ne fatiguent jamais. Elles autorisent ainsi Louis à appeler Jean-Paul un vendredi soir à 22 heures.

---

1. Goffman E., *Asiles. Études sur la condition sociale des malades mentaux et autres reclus*, Paris, Éditions de Minuit, 1979.

Cet enfermement psychique quotidien constitue un décor dans lequel les personnes sont tout à la fois captives malgré elles et consentantes. Il suffit après tout d'éteindre le portable pour ne pas être dérangé. Or l'inquiétude de ne plus recevoir le message, forcément urgent, en temps et en heure, l'emporte souvent sur la sérénité. Par conséquent, mieux vaut laisser le portable ouvert et filtrer, quitte à se rendre complice de son propre enfermement.

Il ne faut pas chercher plus loin le sentiment général d'être ainsi traqué ou harcelé. Le harcèlement résulte en large partie de cet emprisonnement consentant, de cette acceptation obligatoire de rester joignable et disponible. Les portes de la maison et celles de l'entreprise communiquent. On est loin d'une prison classique, qui éloigne toujours plus de la maison. La prison est coconstruite, avec l'assentiment des prisonniers. Certes ces derniers n'en pensent pas moins : *« Ils me cassent les pieds à me déranger toujours chez moi. »* En même temps ils savent que cela fait partie d'une règle du jeu.

UN LIEU LUDIQUE

Pour de nombreux théoriciens du management, l'entreprise doit être comparée à un terrain de jeu. Le terme de jeu doit ici être pris dans un double sens. D'une part, au sens ludique. Le jeu est une activité liée au fait de s'amuser, de prendre du plaisir en le pratiquant. D'autre part, au sens stratégique. Le jeu procède d'un calcul politique, il met en œuvre une tactique en vue de satisfaire un enjeu personnel ou un intérêt particulariste.

L'entreprise ne fonctionne pas selon une logique hégémonique pure, un cercle dirigeant imposant à tout le reste un ordre impératif et absolu. Elle est traversée par des jeux de pouvoir entre de multiples intérêts qui cherchent à imposer leurs logiques et leurs visions. Ils s'affrontent entre eux ou collaborent en constituant des coalitions éphémères, opportunistes et ambiguës. Le fonctionnement de l'entreprise relève d'une dynamique politique. Son ordre intérieur ressemble plus à une arène pluraliste qu'il n'est scellé par une loi d'airain, comme le démontre dans un article resté célèbre James March[1] et dont Mitchell Koza et Jean-Claude Thoenig caractérisent les traits fondamentaux[2].

1. March J.G., « The business firm as a political coalition », *Journal of Politics*, n° 24, pp. 662-678, 1962.

2. Koza M. et Thoenig J.-C., « Rethinking the firm. Organizational approaches », *Organization Studies*, vol. 24, n° 8, pp. 1219-1229, 2003.

Les visions qui cherchent à convaincre que l'entreprise est un lieu de plaisir et de réjouissances ne manquent pas. Elles sont véhiculées de façon provocante par des livres consacrés au management. Elles sont affichées par des patrons hors du commun et dans des entreprises qui se présentent comme subversives. Elles puisent leur inspiration chez des gourous. Tom Peters évoque le management qu'il appelle libérateur et va jusqu'à louer les vertus du chaos[1]. Ricardo Semler, lui-même chef d'entreprise, parle des travailleurs comme des *mavericks,* c'est-à-dire des non-conformistes[2]. Selon lui, la fonction de contrôle, si essentielle dans une prison, est aujourd'hui dépassée dans l'entreprise. Son exercice est perçu comme une marque d'incompétence de la part du management. Il ajoute ce message explicite à destination des salariés et des cadres : maintenant, vous êtes libres.

Cette vision libertaire va de pair avec la célébration de la diversité et de la jeunesse. *Go for youth* est un slogan choc. Il implique que soit donnée toute leur place à des minorités qui jouent un rôle excentrique et décalé, à l'exemple des activistes homosexuels ou de groupes ethniques minoritaires.

Du choc des diversités et de leur métissage naîtrait l'innovation efficace. Donner sa place au jeu et considérer l'entreprise comme un terrain permet de contourner les conformismes de pensée et de mettre entre parenthèses les effets de blocage inhérents aux pyramides de l'autorité. La soumission doit disparaître au profit d'une mentalité ludique. Il faut que les salariés s'expriment librement, fassent jouer leur sens de la fête, fassent même la fête au travail, y compris en utilisant des accoutrements subversifs par rapport à la mentalité du complet gris, ou se lancent dans des concours d'avions en papier. Cette dynamique de subversion va jusqu'à attribuer un quotient de *fun* aux entreprises, ainsi que le préconisent Matt Weinstein[3] et Terrence Deal et M.K. Key[4]. Il s'agit ici de motiver les individus pour qu'ils contribuent mieux au bien et au profit de l'entreprise. Mettre en œuvre les prescriptions ludiques dans des contextes concrets de travail n'est pas chose aisée, on s'en doutera. Néanmoins les exemples du management du *fun* abondent, en particulier dans les pays anglo-saxons, certaines entreprises allant même jusqu'à

1. Peters T., *Chaos management*, Paris, Interéditions, 1988.
2. Semler R., *À contre courant*, Paris, Dunod, 1993.
3. Weinstein M., *Managing to Have Fun*, New York, Freeside, 1996.
4. Deal T.E. et Key K., *Corporate Celebration. Play, Purpose, and Profit at Work*, San Francisco, Berret-Koehler, 1998.

nommer un *ministre du fun* et à lui donner une réelle position managériale ou certains journaux comme le *Sunday Times* en 2005 et en 2006 intégrant le facteur dans leur classement des *100 Best Companies to Work For.* Bref, le but du management par le *fun* est de faire en sorte que les personnes aiment être au travail, trouvent du plaisir et du sens à agir dans et pour l'entreprise, même si elles ne l'aiment pas forcément.

À croire les mêmes gourous, on serait sorti de la période collectiviste de la culture d'entreprise, dont l'objectif était de susciter l'identification affective de ses salariés à l'entreprise. Dorénavant, à l'aube du XXIe siècle, il s'agirait pour le management de relever un tout autre défi : compenser ou enrichir des emplois peu intéressants, pousser les personnes à sortir de la soumission à la pure procédure. Par exemple, des centres d'appels téléphoniques encouragent leurs standardistes à utiliser des tournures de phrases ou des accents qui leur sont propres, c'est-à-dire à détourner le rituel obligatoire du coup de téléphone pour en faire un moment éventuel d'improvisation, comme le préconisent Stephen Frenkel, Marek Korczynski, Karen Shire et May Tam[1]. Le décor ludique de l'entreprise fournit donc un moyen de rapprocher, on peut même dire de confondre, le monde privé avec le monde professionnel. Si le vendredi est un jour *casual*, le lundi doit être un jour heureux. Pourquoi ne pas préférer vivre et s'éclater au travail, se réaliser soi-même, plutôt que de rester à la maison pour y couver l'ennui de la routine domestique, de la consommation et de la partie de golf ?

LE CARBURANT DE LA RÉBELLION

Il convient de n'être pas naïf. L'entreprise n'est pas un champ de jeu et de plaisirs, une succursale d'un parc de loisirs genre Disneyland. Il convient aussi de ne pas se montrer catastrophiste. L'entreprise n'est pas non plus une camisole de force plus ou moins souple. Néanmoins, le management engendre une peur diffuse et légitime une menace sourde parmi les salariés. Ce sont cette peur et cette menace que les actes de rébellion questionnent.

En temps normal, l'entreprise fonctionne sur un postulat. Il existe une sorte de consensus fondamental. Et chaque décision prise à des fins de management vient le nourrir et en confirmer la robustesse. On peut formuler ce consensus de la façon suivante : les gens de l'entreprise sauraient

1. Frenkel S., Korczynski M., Shire K. et Tam M., *On the Front Line, Organization of Work in the Information Society*, Ithaca, Cornell University Press, 1999.

peu ou prou pourquoi ils sont là où ils sont et pourquoi ils font ce qu'ils font. Ils ont beau rechigner, critiquer, penser à juste titre que les décisions prises sont erronées, ou ne pas les prendre au sérieux, il n'en reste pas moins qu'ils les appliquent la plupart du temps. Cela ne veut pas dire qu'ils acceptent en souriant une rétrogradation, un changement de poste, une modification des règles du jeu aussi facilement. *A fortiori*, il serait erroné d'en déduire qu'ils aiment leur travail et leur position, ou qu'ils prennent du plaisir au travail. Cela veut dire plus simplement que leur position dans l'espace de l'entreprise est compréhensible pour eux. Cela veut aussi dire qu'aucun salarié ne se pose vraiment la question de savoir pourquoi il est là, pourquoi il est au travail. C'est un fait acquis qui va de soi, un jalon indispensable de l'existence, une marque identitaire.

On est bien là au cœur d'un système qui repose sur une gouvernance de type hégémonique. La propagande fonctionne plutôt bien puisque personne ne conteste ni le fond ni la forme de la tâche qu'il a à accomplir dans la société des organisations. Et heureusement, puisque l'énergie et la créativité nécessaires pour comprendre les ressorts profonds du système entrepreneurial et de la place de chacun en son sein ne seraient alors plus utilisées pour générer la sacro-sainte performance.

Le décor de la contestation ordinaire, pour sa part, se compose d'éléments d'une autre nature, comme le suggèrent les histoires relatées jusqu'à présent.

L'exercice du pouvoir managérial est ressenti par les salariés comme étant dominateur et discrétionnaire, ce malgré les gants qu'il prend et les valeurs qu'il affiche. Sa contrainte est d'autant plus forte et sourde qu'elle est mise en œuvre de façon souple. Le pouvoir ne se manifeste pas sur un ton brutal et agressif, comme le ferait un caporal ou un petit chef. Les chefs sourient souvent, n'aboient guère et ne mordent pas. Ils suggèrent une solution plus qu'ils ne l'imposent par décret. La domination est civilisée, cordialement imposée même. Si par ailleurs le contrôle reste permanent et si la norme de performance prime, ce n'est pas le chef qui reste planté derrière le dos de ses subordonnés, ce sont des tableaux de bord et autres indicateurs recueillis de façon impersonnelle qui surveillent. Si le droit à l'erreur est par ailleurs affiché comme un principe, toute erreur peut néanmoins se révéler fatale à un moment ou un autre.

Par ailleurs, une violence sourde envahit les rapports de travail. Certes le discours affiché par le management privilégie le collectif, la fierté d'appartenance et l'identité d'entreprise. Dans les faits, les pratiques privilégient les seules performances individuelles. L'indifférence affective est pratiquement généralisée et se trouve favorisée par la mise systématique des individus en comparaison et en concurrence. La culture du résultat prime sur la loyauté au groupe et sur la reconnaissance des services rendus. Les solidarités actives sont abaissées. Comptent les réputations individuelles, et elles seules. *Up or out :* la formule anglaise qualifie les parcours de carrière réussis. Si on ne monte pas dans la hiérarchie, il faut quitter l'entreprise.

L'autorité managériale opère aujourd'hui dans des univers nettement moins homogènes que ceux qui présidaient à la grande manufacture taylorienne du milieu du XXe siècle. Trois traits fondamentaux qualifient ce que l'on appelle parfois l'univers post-bureaucratique.

Les entreprises ressemblent à des univers fluides. Allégées des inutiles services centraux et des lignes hiérarchiques excessives, ces organisations plates créent des éléphants agiles, au point que d'immenses multinationales resteront capables de danser avec grâce et légèreté, comme le dit Rosabeth Moss Kanter[1]. L'idée contemporaine du réseau vient illustrer le fait – loin d'être avéré pour tout le monde – que les gens de l'entreprise évolueraient dans un monde fluide et mobile, soit, en d'autres termes, un monde moderne.

Par ailleurs les entreprises sont des univers compétitifs. La fluidité impose de ne pas se tromper, non seulement à propos des tuyaux que l'on pose, mais aussi dans le choix des ingrédients que l'on fait circuler dans ces tuyaux, c'est-à-dire les personnes et les compétences. « *Plus on change les personnes de place fréquemment, plus on fait gaffe à qui on prend, surtout en termes de "il va pas me poser de problèmes celui-là"* », comme le dit un dirigeant d'une des entreprises que nous avions observées. « *On regarde plus comment les nouveaux arrivants se coulent dans un moule donné que comment ils vont apporter les moyens de changer la forme du moule* », avance un directeur de ressources humaines.

Ce monde est conceptualisé par les gourous de la gestion sous le vocable de théorie des ressources. Une personne est définie comme compétitive si elle sait anticiper correctement quelle est la forme du moule dont elle deviendra un ingrédient. Convient-il, par exemple, de durcir le moule pour y être encore plus à son aise ou bien de le fragiliser pour le transformer ?

Enfin, les entreprises ont plutôt tendance à détester le changement alors même que leurs leaders en parlent à tour de bras. C'est bien là que réside un problème du management qui reste fort mal résolu. Un décalage parfois énorme subsiste entre les ouvertures affichées par les discours managériaux

1. Kanter R.M., *When Giants Learn to Dance. Mastering the Challenges of Strategy, Management and Careers in the 1990s*, New York, Simon and Schuster, 1989.

sur la dynamique des organisations et l'expérience concrète qu'en ont les cadres. Ces derniers en parlent avec ironie parfois et ils deviennent même cyniques. « *Il faut se faire violence pour bouger quelque chose. Il y a des inerties partout. Changer c'est suicidaire.* » ; « *Quand j'entends le boss parler de changement, je me prends à rigoler en dedans. On est dans des blocages perpétuels et il le sait bien lui-même.* » Ces blocages ne sont pas liés à l'absence de volontarisme ou d'idées. Ils ne sont pas liés non plus à l'emprise d'une culture de la confrontation gratuite. Ils découlent de la forme même que prend le moule compétitif et contraignant dans lequel sont plongés les gens dès leur arrivée dans l'entreprise.

Ce moule est compétitif parce qu'on y est sans cesse comparé et évalué. Il faut « bien faire », ce qui suppose implicitement de faire mieux que les autres. Quand on se trompe, si l'on s'en rend compte à temps, il faut le camoufler. Lorsque c'est impossible, il faut trouver une explication, attribuer la faute, dissoudre dans la fameuse notion de responsabilité collective l'origine précise de la bêtise, cela quel que soit son coût. Car l'entreprise dispose de machineries omnipotentes qui enregistrent l'erreur et qui sont capables de la formater pour l'utiliser le jour venu, lorsqu'elle sera à la recherche d'un argument de sanction. Or les gens de l'entreprise le savent bien, ils agissent dans un système fait de contrainte souple, système analysé en détail par l'un d'entre nous[1]. Dans cet univers s'objectivent quelque part, et à l'insu des personnes, les raisons de leur possible punition. C'est ainsi que la compétition produit de la contrainte et suppose la contrainte souple pour devenir le principe consensuel par excellence. « *On sait bien qu'on est en compétition, surtout à certains niveaux, on se le cache tant qu'on n'a pas besoin d'en parler* », dit ce cadre moyen de 35 ans.

Ces pratiques simples et sophistiquées à la fois sont d'ailleurs passées dans les mœurs. Pour tenir sa place dans l'entreprise, il faut avoir intériorisé les principes sur lesquels elles reposent. Pourtant, quand on les analyse d'un peu près, ces principes paraissent assez difficilement acceptables, à commencer d'un point de vue éthique.

Le discours sur la ressource et la compétence se mâtine d'une domination par les réputations individuelles. Le verdict soi-disant objectif se nuance sans cesse de points de vue subjectifs. Or la subjectivité finit souvent par l'emporter dans le grand bain culturel de l'entreprise fluide et légère, qui n'a pas toujours le temps de chercher les raisons objectives d'un choix. Autrement dit, il est délicat de comprendre les raisons profondes de

1. Courpasson D., *L'Action contrainte*, Paris, Presses universitaires de France, 2000.

choix qui affectent le devenir des gens de l'entreprise, leur carrière, leur affectation à une fonction.

Par ailleurs, les grands managers eux-mêmes ne sont parfois pas sanctionnés pour leurs manquements, ni pour leurs fautes. Cette impunité alimente une incompréhension majeure des règles du jeu en entreprise. Deux poids, deux mesures : ce sentiment fragilise la cohérence d'un système. Certes la distance sociale entre les grands managers et les autres est souvent rationalisée, ce qui permet aux gens plus bas placés dans la hiérarchie de pouvoir continuer à tenir leur place. Après tout, et comme le dit un cadre de 34 ans, *« ces gens ne sont pas de notre monde, ils doivent fonctionner selon d'autres modes et d'autres schémas »*.

Le plus fragilisant et le plus inadmissible se produit lorsque des décisions managériales jugées inéquitables affectent des êtres similaires à soi. Alors les événements deviennent carrément insupportables et incompréhensibles. Notamment lorsque l'on est incapable de comprendre pourquoi *« on a échappé à la chaise électrique »*, comme le dit un cadre bancaire de 40 ans.

> « Ce qui est à la fois le plus frustrant et le plus déstabilisant, c'est quand j'ai reçu cette liste de gens à licencier. Je veux dire ceci : j'étais l'exécuteur des basses œuvres. Ce n'est pas que je contestais le fait que je n'aie pas forcément donné mon avis mais que, ce faisant, je découvrais une liste de gens que je connaissais, à qui j'allais devoir annoncer une mauvaise nouvelle quand même, que j'allais être le salaud alors que non, je n'avais pas mis leur nom sur la liste, et j'étais le salaud parce que je n'étais même pas capable de leur dire pourquoi eux et pas un autre », confesse un responsable des ressources humaines interviewé par nous.

De la distance s'instaure sans que l'on puisse contrôler la vitesse à laquelle elle se creuse. Cette distance n'est pas seulement celle qui désunit le monde d'en haut et le monde d'en bas. Elle creuse aussi les écarts entre les punis et les impunis. La contrainte souple aboutit paradoxalement à créer du désordre dans les collectifs de travail. C'est particulièrement le cas quand elle émet des verdicts incompréhensibles qui, au lieu de susciter la cohésion des équipes locales, suscitent la désunion et des schismes irréversibles. Car l'entreprise fluide fait circuler des personnes qui, se connaissant peu, se voient rarement comme des êtres humains et plus comme des ressources concurrentes. Le voisin devient une présence si éphémère qu'on ne songe même plus à le connaître.

qu'elle ouvre une brèche dangereuse, qu'elle met à mal des évidences, des façons convenues de se comporter. Dans les entreprises auxquelles appartiennent Jean-Paul et Bruno, il va de soi en temps ordinaire qu'un jeune à haut potentiel doit accepter toutes les missions qu'on lui confie. Refuser le poste que lui offre sa hiérarchie détonne, est un acte déviant, un crime de lèse-management qui menace l'intégrité même des règles du jeu convenues. La résistance crée des surprises dans des univers d'évidences reposant sur des cognitions partagées. Ces surprises sont d'une tout autre nature que l'est le suicide, par exemple, cette violence terrible qui exprime un aveu d'impuissance à changer la réalité et représente une manière de quitter la scène. La contestation est bien autre chose. Créer la surprise est la condition initiale d'une résistance crédible.

LA FORCE DU VESTIAIRE

Lorsque les cadres et autres salariés de l'entreprise entrent en contestation, ils le font afin de résister à l'hégémonie du management techno-bureaucratique et à la contrainte souple qui sévit chez eux. Assurément ils ne le font pas au nom de la résistance à la globalisation et à la mondialisation ou pour lutter contre le capitalisme néolibéral. Ils le font surtout et avant tout au nom de registres culturels et personnels. Ces derniers leur font penser que des choses anormales se produisent ici et maintenant. Or c'est précisément parce que c'est ici et maintenant que quelque chose peut et doit être fait. « *Le reste, ce que je lis tous les jours dans* les Échos *ou* la Tribune, *c'est loin, tellement loin* » (directeur de clientèle, 40 ans).

Il faut revenir un instant sur la vie des gens au travail. Le management de la circulation et de la fluidité favorise l'émergence d'une indifférence généralisée. Celle-ci à son tour diffuse une forme sourde de violence. Ce qui frappe dans les entreprises sujettes à contestation, c'est à quel point les contestataires et, plus largement, leurs collègues de travail, sont au fond peu impliqués dans l'existence de l'autre. Ils se concentrent sans honte sur leur propre sort. Alors qu'ils n'éprouvent pas forcément d'animosité à l'égard de collègues, ils n'éprouvent pas non plus de solidarité. Il est frappant de constater comment, souvent, ils pensent d'ailleurs que la solidarité est une valeur qui vaut pour l'extérieur de l'entreprise.

> « Moi j'aime bien mes collègues. Je veux dire que je suis content de les voir le matin, on boit le jus quoi, mais je n'ai rien à voir avec eux. Je veux dire : ce qui peut leur arriver ça ne dépend pas de moi, je n'y peux rien, et la réciproque est vraie alors… Je n'ai pas le temps de m'intéresser au sort de mon voisin. Je ne suis pas dépendant de lui

comme du soldat voisin dans ma tranchée humide au moment de l'assaut : car s'il ne sort pas de la tranchée tout l'édifice s'écroule, c'est la débandade et de toute façon il se fait buter par le capitaine, non ? Mais moi, si je décide de ne pas faire ce que je dois faire, en quoi cela le concerne-t-il, lui mon voisin de bureau ? » (cadre administratif, 38 ans)

L'entreprise a dans de tels cas construit un théâtre de contrainte souple, où le décor est celui du plaisir éventuel d'être ponctuellement ensemble, mais dans l'indifférence relative. Peu importe en définitive avec qui l'on est ensemble et pour faire quoi. Comprendre l'hégémonie ordinaire qui constitue le tissu de la vie des gens au travail suppose donc de se pencher sur les « interactions de vestiaire » tout autant que sur les grandes forces de la mondialisation.

La force du vestiaire est une métaphore d'origine sportive. En gros cette maxime de management souligne une évidence. L'argent est une condition nécessaire mais largement non suffisante pour gagner un championnat. Acheter les quatre meilleurs buteurs du championnat ne garantit aucunement au club la victoire finale. Être coté en Bourse ou appartenir à la super-ligue des clubs de football européens n'assure pas la performance. Au-delà de toutes les mannes financières, un vestiaire qui ne tourne pas rond détruit une équipe.

La logique du vestiaire, il faut être clair, est généralement entendue comme une question de cohésion affective d'une équipe, de gens qui s'aiment les uns les autres, qui ont envie de jouer ensemble au football, ou de travailler dans le même service d'une entreprise. C'est à la fois vrai – les affinités interpersonnelles importent – et insuffisant – l'essentiel est ailleurs, dans l'adéquation et la compatibilité entre le privé, le monde hors du travail, et le public, le monde du travail. Lorsque ces deux sphères entrent trop brutalement en décalage trop manifeste, lorsque le management du dedans, celui de l'activité professionnelle du sportif, ignore, refoule, met à la porte le management du dehors, celui de la sphère hors travail, la non-performance guette.

Or il en va des entreprises comme des clubs sportifs. Nombre de leurs dirigeants ne veulent pas entendre parler du dehors. Une entreprise se gouvernerait selon des ordres et dans des mondes séparés et incompatibles. Celui des grands dirigeants est voué aux choses qui comptent telles que les achats de joueurs sur le marché ou le merchandising de l'image du club. Celui du vestiaire de l'équipe est un autre univers. Tel joueur a pété les plombs parce qu'il s'entend mal avec sa femme, ou que son petit garçon est tombé malade, ou encore qu'il ne se fait pas à la vie dans telle ou telle ville – d'ailleurs, tiens, il vit à l'hôtel, il n'a pas voulu acheter sa résidence ou plus simplement prendre un logement.

La force du vestiaire, c'est ce principe selon lequel la performance se construit aussi dans les rituels des interactions quotidiennes entre voisins, entre partenaires. Cet ordre de l'interaction *micro* est séparé de l'ordre du *macro*management et de la stratégie dite globale. Loin d'être considéré comme un ordre à part entière, il est à tort réduit au seul espace, ingouvernable, des caprices individuels – dont la résistance ferait partie – ou pis encore, comme l'espace gouvernable – *coachable* si dit en langue de bois managériale – des relations humaines et des crises personnelles. Or le vestiaire est un lieu où se forgent des drames sociaux. C'est sur ces drames, selon leur structure profonde, que peuvent s'enraciner des résistances tout autant que des performances.

La contestation fait revenir la force du vestiaire en scène, que la direction le veuille ou pas. Elle ramène le dehors dans le dedans, la sphère privée dans la sphère publique. Elle essaie de renouer des interfaces directes entre les deux. D'une certaine façon, sous couvert de parler de choses qui sont tangibles, auquel le milieu de travail donne sens et dont les conséquences directes sont palpables, la contestation habilite la proximité et questionne l'indifférence.

La résistance n'est donc pas qu'un refus. Elle est aussi une création, ou une re-création. Car elle peut mener, au bout du chemin, à forger de nouvelles identités, de nouveaux rapports entre les collègues, avec les chefs. La contestation n'engendre pas la révolution. En revanche ce mouvement collectif, donc social, transforme le décor pour aller mieux, pour mieux travailler ou pour continuer à travailler.

C'est ici qu'intervient la résistance créative, une conception élargie de la résistance, vue comme la capacité de générer des moments de controverse producteurs de sens. C'est pour cela que l'entreprise n'est ni une prison ni un terrain de jeu : parce qu'elle fournit sans cesse des moments de controverse et d'affrontement. Parce qu'elle est un assemblage beaucoup moins clair et ordonné que ne le disent les manuels de management. Et qu'elle n'est pas non plus un terrain où la productivité passerait par l'amusement, le plaisir et la subversion.

Résister, c'est en définitive contester des évidences. Il y a beaucoup d'évidences dans le management actuel : l'évidence de la flexibilité, de la rapidité, de la mobilité et de l'agilité, l'évidence de la diversité et de la différence. Ce chapitre a cherché à démonter rapidement certains des éléments qui font le décor des histoires que nous allons maintenant raconter. Des histoires qui mettent en scène des personnes qui, le voulant ou non, étonnent un environnement familier dont elles contournent les réflexes hégémoniques en distillant, agressivement ou doucement, une autre évidence : on peut dire non, s'opposer, être en désaccord. Des histoires qui déstabilisent en un instant éphémère, mais dont les effets seront durables, les lourdes certitudes du pouvoir managérial. Reste à examiner comment : ce sera le sujet du chapitre qui suit.

Chapitre 4

La dynamique contestataire

COMMENT une contestation se manifeste-t-elle, se diffuse-t-elle et se termine-t-elle ? À quel type de travail les rebelles se consacrent-ils et quels objectifs cherchent-ils à satisfaire ?

La contestation en acte n'est pas un phénomène erratique qui voit n'importe qui faire n'importe quoi n'importe comment et n'importe quand. Au contraire, elle obéit à certaines régularités dans son évolution. Elle fait appel à des savoir-faire et à des compétences spécifiques de la part des contestataires, mais aussi des contestés. Elle débouche sur des revendications qui sont porteuses de solutions, sans d'ailleurs que les rebelles en soient toujours et nécessairement conscients.

Les histoires que nous avons observées sont jalonnées de moments de mobilisation de soutien, d'épisodes d'affrontement et de discours d'argumentation. Elles ont une genèse, une durée, un point d'arrivée. Elles débouchent sur un résultat, sur une solution qui n'a souvent pas grand-chose à voir avec la situation de départ, avec l'enjeu particulier qui lui avait donné naissance. Elles portent donc à conséquence pour les rebelles mais aussi pour leur entreprise.

FAIRE PARTAGER SA RÉBELLION

La contestation ne traduit ni simplement un cri du cœur que lance une personne un jour donné, ni un simple besoin expressif momentané d'épancher son état d'âme. Elle ne se réduit pas non plus à un incident plutôt bref et relativement irrationnel, nourri par une sorte de rêve festif, avant un retour toujours cruel à la normale. En effet elle peut déclencher une mobilisation de soutien, voire un véritable mouvement collectif qui pousse pas mal de gens à se rallier de façon active à la cause que défend le rebelle et à prendre ouvertement le risque de son parti de manière publique. S'il arrive, dans certaines histoires, que des proches du contestataire se tiennent à l'écart, fassent mine de ne pas voir et détournent leur regard, ou même ostensiblement se désolidarisent de lui, il arrive aussi que d'autres rallient la cause de leur collègue. Des individus par ailleurs timides, parfois très conservateurs ou réticents au désordre, n'hésitent plus. Ils rejoignent une cause, car dans leurs tripes ils se sentent concernés par elle. Ils sortent de leurs gonds et prennent des risques non négligeables.

Deux histoires réelles vont permettre d'observer la collectivisation d'une rébellion. Elles font en même temps apparaître aussi comment une rébellion se déploie dans le temps, comment elle se transforme en cours de route et à quels résultats elle aboutit.

Marc : quand les experts de la R & D s'en mêlent

Marc est directeur de projet dans une entreprise agrochimique multinationale réputée, Agro. Il a 42 ans. Ingénieur de formation, il a poursuivi des études couronnées par un doctorat en microbiologie. Il est aussi un collègue de travail de Philippe, dont l'histoire a été relatée plus haut et qui se joindra à sa rébellion.

Marc est un garçon brillant et qui réussit dans Agro. Il se sent très impliqué dans son travail quotidien. Il anime avec succès une équipe de techniciens et de chercheurs. Sa hiérarchie lui avait offert, il y a déjà trois ans, une expatriation aux États-Unis pour y diriger un centre de développement et de recherche appliquée qui est situé en Caroline du Nord. Il l'avait déclinée, invoquant des raisons familiales. Les sirènes de la carrière rapide et internationale peinent à le séduire.

Marc n'est pas un inconnu pour nous. Quelques années plus tôt, il avait été interviewé dans le cadre d'une enquête que nous avions menée sur les transformations de la fonction managériale dans son entreprise. Ces transformations découlaient pour beaucoup d'importants remous que créait la perspective d'une fusion prochaine d'Agro avec un de ses concurrents allemands. Après cette interview, nous étions restés en contact téléphonique, pour discuter de choses et d'autres, et notamment de ce qui se passait dans la division chargée de la R & D d'Agro.

Marc

« Je me suis dit que vous pourriez être intéressé par un récent événement, disons un conflit, qui a eu lieu dans le secteur de la R & D auquel j'appartiens.

Jacques était le gars en charge du projet AMX. Il travaillait sur une molécule révolutionnaire censée améliorer la résistance des plantes. Il avait été nommé il y a huit ans à la tête de ce projet. Il devait avoir autour de la trentaine à l'époque.

Le projet a marché fort pendant les deux ou trois premières années. Les résultats des essais étaient remarquables à certains moments. L'équipe projet a grossi pas mal aussi : ils étaient une quinzaine six ans plus tard.

Or, un jour, le comité de la R & D d'Agro a tout simplement arrêté le projet AMX ! Cela après une réunion un peu tumultueuse qui tournait autour de ce que font les concurrents dans le même domaine, et tout ça. Ils discutaient de trucs financiers, soit de financer une étape nouvelle, finale sans doute, d'AMX, puisque Jacques avait dit dans son rapport que le projet en était aux essais finaux, dans le sud de l'Espagne. Rien n'y fit : le comité décida l'arrêt du projet !

Il fallait voir la tête que Jacques faisait quand il m'a raconté qu'il avait reçu la nouvelle dans une note déposée sur son bureau, note du genre une seule page résumant les diverses discussions de la réunion. Il était sidéré… »

Nous

« Il vous a appelé juste après qu'il a lu la note ? »

Marc

« Pas du tout. On se connaissait juste comme ça. On s'était vu deux ou trois mois avant la réunion du comité de R & D, dans un séminaire de cadres près de Paris. On s'est bien trouvés, mais c'est tout : on avait des trucs en commun, de boulot, et je savais des trucs sur son projet qui était un gros projet pour l'avenir d'Agro.

Moi je n'ai pas appris la décision de la bouche de Jacques, mais *via* un de mes copains du laboratoire. Il a eu l'information directement d'un membre du comité, en l'occurrence du patron de la R & D de la filiale allemande d'Agro. C'était un peu par hasard, on s'était parlé au téléphone pour le boulot et il m'a aussi parlé de la décision de stopper AMX comme ça.

J'étais sidéré moi aussi, je ne comprenais pas : pourquoi arrêtait-on un projet de cette taille qui allait marcher d'ici quelques mois, pourquoi faire ça à un type dévoué et brillant comme Jacques par une note écrite froide, et tout ça… ? Toute la forme aussi y était pour rendre l'affaire pas claire, c'est le moins qu'on puisse dire… Des trucs insupportables, quoi ! Cela montrait une espèce d'arrogance dans la façon de traiter les projets et les gens dans cette boîte. Je ne voyais pas les choses comme ça.

Ma première réaction a été de raconter l'histoire à ma femme. Elle est ingénieure. Elle était indignée comme moi. J'ai alors décidé que je devais faire quelque chose.

Deux ou trois jours plus tard, j'ai envoyé un message à une liste de managers de R & D et de chefs de projet, autour de vingt personnes – je pourrais retrouver la liste si vous voulez –, juste pour leur dire mon indignation, la mettre avec des mots, quoi. Je savais que Jacques était dans la liste et j'ai évité de lui envoyer le message. »

Marc montre effectivement une copie du message envoyé : quinze lignes au total, envoyées par Internet un 15 décembre à une vingtaine de personnes. Ce message ne porte pas sur l'équité de la procédure. Il ne conteste pas non plus la décision d'arrêt du projet en soi. Il engage ce que Marc appelle une *« réflexion commune entre professionnels de la R & D »* sur les raisons de l'échec. En voici un extrait :

« Il est d'une extrême importance, à mon avis, que nous engagions tous une discussion sur les raisons pour lesquelles un si important projet a pu être considéré, après plus de 7 ans, voué à l'échec par un comité, alors que le patron de ce projet lui-même défend la version contraire dans le rapport mensuel qu'il a rendu à ce même comité. Je trouve cette réflexion importante parce que si des personnes dans cette entreprise pensent qu'un long processus scientifique n'a pas démontré suffisamment tôt, pour reprendre les termes du comité, sa capacité à se transformer en ce qu'ils appellent un produit rentable, nous devons savoir mieux ce que ces idées de suffisamment tôt et de rentable signifient exactement. Ne serait-ce que pour éviter de futurs malentendus. J'espère que vous partagerez l'intérêt de cette discussion et j'attends vos réponses. Bien à tous. Marc. »

Le processus de contestation que Marc engage par ce message électronique est défini sur des bases professionnelles. Il ne met pas en cause des principes d'autorité hiérarchique ou de juridiction du comité de R & D de l'entreprise. Il n'y a pas apparemment de contestation de la décision elle-même : elle est en fait prise comme une donnée. Entre les lignes, bien sûr, émerge une critique des raisons fondamentales qui ont conduit à prendre cette décision. Marc suggère que les scientifiques, et non pas les managers généralistes qui meublent le comité de R & D d'Agro, devraient pouvoir discuter et établir les critères qui conduisent à des décisions de *go - no go*, d'arrêt ou de mort d'un projet, ce d'autant plus qu'elles portent sur *leurs* projets, ceux conduits par les experts dans le quotidien des laboratoires et des champs d'expérimentation. Autrement dit, il s'agit pour Marc d'interroger la légitimité de ces décisions, si ce n'est celle de ceux qui les prennent.

De nombreuses réactions vont arriver en retour sur le bureau de Marc dans les quelques jours qui suivent son envoi. Il est frappé par le fait que la grande majorité des gens à qui il a envoyé le message approuvent son initiative et commencent à s'exprimer librement sur le sujet. Des réponses lui parviennent à raison d'une ou deux par jour, ce pendant environ deux mois. Leur lecture montre que cette population d'experts en agrochimie est partagée en deux.

D'une part, ceux qui contestent ouvertement la décision, comme l'illustre le message suivant reçu par Marc trois jours après son message du 15 décembre : *« C'est tout simplement inacceptable, c'est nous les experts et les scientifiques, je crois qu'on devrait rapidement envoyer balader ces types du marketing qui ne voient que les chiffres de vente sans voir le boulot qu'on fait. »*

Ce correspondant conteste donc clairement la légitimité d'un autre groupe professionnel, en la circonstance les dirigeants du marketing.

D'autre part, ceux qui ratifient la décision. Certains conseillent de « *prendre ça en compte pour les autres projets* ». Ainsi le message suivant : « *Merci pour ton message ! Marc, je pense que tu as raison, maintenant le comité a ses raisons aussi, qu'on ne connaît pas assez pour prendre une position. Je pense que c'est un bon moyen d'améliorer notre connaissance du fonctionnement de ce comité.* »

Marc devient progressivement l'épicentre d'un début de débat interne. Il va se trouver pris entre deux positions. Aux premières heures, il se situe clairement lui-même du côté des indignés. Car il rejette la brutalité de la décision. Au fur et à mesure que le processus fera boule de neige, il va calmer l'expression de ses impulsions et de ses émotions initiales pour pousser la contestation dans une direction plus professionnelle et moins militante.

Marc

« J'ai vraiment senti que les gens étaient prêts à réagir. Par là je veux dire : à envoyer un message clair au grand patron de la R & D, et même au-dessus de lui !

Quatre mois plus tard donc, j'ai écrit un long rapport, à partir des conversations que j'avais eues de manière un peu suivie avec un groupe de cinq collègues, souvent en relation avec moi par e-mail. J'ai eu aussi plusieurs conversations avec mon propre chef direct.

Évidemment ce petit réseau était bien identifié par les gens du haut. Car il y avait eu des fuites... et de toute façon mon boss avait des informations. Bref, on n'était pas cachés quoi. Je me disais qu'après tout, il n'y avait rien de confidentiel, rien à cacher, juste une réflexion de fond dont les résultats devraient être donnés aux chefs, ça me paraissait juste.

Donc j'écris ce rapport de 15 pages, je l'envoie aux cinq copains qui lisent, complètent – on s'est fait des allers-retours fréquents, c'était intense – et puis, en gros fin mai quoi, je l'ai envoyé au vice-président chargé de la R & D, en fait le n° 2 de l'entreprise.

J'ai vu Jacques à Paris, et seulement au début janvier. Il ne voulait pas servir d'exemple. Pourtant il en avait gros sur la patate, quoi ! Il pensait à quitter la boîte c'est clair, il cherchait un job je crois. Le voyant, je me suis dit comme ça que ça avait été un moyen de le tester, son sang-froid et tout ça ! Stupide...

Jacques pour sa part laissait faire, il ne s'occupait pas de nos débats. Pourtant, en mars, il s'est passé un truc qui a renforcé le processus. Son boss a décidé de lui filer des sous, venant de je ne sais quelle caisse noire, pour lui permettre de finir son projet. Je veux dire : pour avoir les résultats finaux ! Jacques est allé en Espagne plusieurs fois, un peu en catimini, je ne sais pas trop, il n'était pas trop occupé, vous voyez ce que je veux dire !

Un autre gars avait été nommé pour fermer la boutique du projet AMX. Les gens de l'équipe avaient été déplacés ici ou là. Ces gens ne savaient pas trop ce qui se passait à vrai dire : les techniciens, les doctorants, c'était un binz.

Donc je disais que son supérieur hiérarchique direct a donné en gros 200 000 euros de sa poche – soit sur son propre budget – à Jacques pour sauver le projet. Jacques s'est remis dans le challenge et les a pris. Ce n'était pas un truc secret, c'était impossible. J'ai juste remarqué que les patrons d'en haut laissaient faire. Plus tard seulement, j'ai découvert qu'ils étaient intéressés par ce qui se passait à AMX. Ils se disaient peut-être que leur décision après tout n'était pas la bonne, ou que quelque chose pouvait être tiré différemment d'AMX... Bref, Jacques est reparti alors que le projet était officiellement clos, le genre de truc débile qui arrive dans les boîtes !

Juin fut très lourd pour tout le monde. J'ai eu les réunions annuelles de routine avec le vice-président de la R & D et son staff. Jacques, de son côté, leur a présenté un rapport avec des bons résultats, un vrai conte de fées !

Nous avons obtenu au final deux choses.

Lors d'un comité de septembre, Jacques a été réinstallé comme leader du projet AMX. Sans excuses ni cérémonie : une décision froide, rationnelle, vous voyez, comme si de rien n'était. Mais c'était fort : ils avaient reculé presque un an après leur décision d'arrêter AMX, c'était champagne quand même !

Et on a obtenu qu'une liste de critères clairs soit définie, en particulier pour les phases finales des projets… et nous avons été missionnés pour proposer la première liste base de discussion ! »

Cette histoire est-elle vraiment une sorte de conte de fées ? Marc clôt son témoignage en évoquant le côté émotionnel de cette affaire. Il dit, à mots couverts, comment il ressent le fait d'avoir en quelque sorte suspendu l'évidence du pouvoir exercé par le comité en charge de toute la R & D.

Marc

« Vous savez, la meilleure part de tout ça, ça a été les derniers messages, les derniers échanges, à partir du moment où on a su que quelque chose s'était passé dans cette boîte.

On a montré que c'était possible de résister, de montrer qu'on pouvait faire mieux pour le bien de tous.

Dire cela comme cela, certes cela fait un peu prétentieux. Pourtant c'est vrai. Ce n'est pas seulement qu'on a un peu sauvé un collègue méritant, ou qu'on a corrigé une injustice sidérante, ce n'est pas ça le plus important. Non, le plus important, c'est qu'on a mis un truc en marche, du genre : on peut dire non dans cette boîte ! Cela m'a énormément encouragé à me réinvestir à fond dans mon job. Et on a continué à échanger avec les collègues, de façon certes irrégulière, et on est un peu devenus amis, même si je n'ai même jamais rencontré en face à face certains de ces copains de travail, certains travaillant dans des laboratoires d'Agro situés dans d'autre pays, vous imaginez cela… ? »

Cette contestation des experts aura un épilogue pour ses acteurs. Une année plus tard environ, Marc deviendra le patron de la filiale américaine de l'entreprise. Quant à Jacques, il sera nommé chef d'un centre de R & D en France.

Antonin : les banquiers en rébellion

Une autre histoire traite d'un conflit qui oppose Antonin et certains de ses collègues directeurs d'agence bancaire à leur siège.

Antonin est vu comme l'un des meilleurs patrons d'agence bancaire à l'œuvre au sein de Bank. C'est sans doute pour cela que le responsable des ressources humaines nous a fortement suggéré de le rencontrer pour mieux comprendre comment on gère une agence dans un secteur riche et exigeant comme le sien, en France près de la frontière suisse. Or la conversation, curieusement, dérive vite vers des histoires plus personnelles. Antonin n'a pas vraiment envie de parler de gestion d'agence, il veut parler de la façon dont l'entreprise traite parfois ses employés. C'est un homme de 38 ans, issu de l'enseignement supérieur, très ambitieux, grand et beau garçon. La banque, et Bank en particulier, ne constituent pas toute sa vie, même s'il admet qu'il doit beaucoup à cette entreprise qui l'a recruté dix ans auparavant.

Antonin

« Les grands dirigeants de Bank sont si fiers de ce qu'ils ont fait qu'ils pensent que tout le monde doit les imiter. Pourtant, parfois, ils font n'importe quoi quand il s'agit de parler de performance économique et de comparer les agences entre elles. »

Nous

« Les directeurs d'agence n'aiment pas être comparés entre eux... ? »

Antonin

« Qu'on le veuille ou non, on sait qu'on l'est... alors, on fait avec. Non, le truc c'est que quelque chose est arrivé il y a un ou deux ans, et qui a marqué la relation entre eux et nous. Enfin, ce n'est pas comme ça qu'il faut dire, car les managers du top sont eux-mêmes des anciens patrons d'agence, donc on ne peut pas dire qu'ils sont si différents de nous que ça ou qu'ils ne réagiraient pas comme nous. Mais ils ont fait une grosse bourde, sur le dos de l'un d'entre nous, en quelque sorte.

Ils enclenchaient un nouveau processus d'évaluation de la performance des agences locales en termes de parts de marché, de rentabilité client, et tout ça. Et ils ont repéré des grosses différences entre agences. Je ne me rappelle plus les détails, mais ce dont je me souviens, c'est de la note écrite sur laquelle on est tombé un lundi matin. »

Antonin montre la note : deux pages dans lesquelles sont commentés brièvement les résultats récents jugés décevants de deux agences nommément désignées. Ce texte insiste aussi plus généralement sur la distinction duale sinon cardinale entre agences dites performantes et agences définies comme étant non performantes – et non pas seulement comme moins performantes. Le texte demande aussi des explications dites complémentaires au sujet de ces dernières.

Antonin

« Où était le problème pour moi ? Rétrospectivement on peut dire pas grand-chose. Mais j'ai ressenti la note – comment dire ? – comme si elle avait été écrite par un étranger, vous voyez, comme un consultant ou un méchant conseiller extérieur (il rit) ! »

Antonin avance doucement vers l'histoire elle-même. Il plante le décor, une scène faite d'injustice ou plutôt d'une sorte de choc, une surprise culturelle. L'attaque qu'il décrit comme venant du haut management ne ressemble pas à ce que les chefs ont l'habitude de faire dans cette entreprise quand il s'agit de parler de fautes ou de problèmes locaux. Dans la culture de Bank, les agences sont considérées comme étant responsables de leurs résultats en tant que collectifs, ce qui protège les personnes. La manière de faire consiste à ne pas punir les personnes, ou rarement, par exemple pour des malversations. Et de plus on est un peu le maître sur son territoire.

« Bank est une entreprise où les gens s'occupent de leurs affaires de façon informelle. Je veux dire, s'il y a un problème quelque part on en parle, on partage les trucs, c'est une culture du partage… Je le vois comme ça. On n'est pas vraiment en compétition entre nous. On essaie de trouver les endroits qui conviennent aux gens, les jobs qui leur vont bien. On ne cherche pas à les piéger. Et quand quelqu'un est accepté dans un groupe – par exemple celui des patrons d'agence –, il est aussi un peu protégé par les collègues. Vous voyez, c'est comme ça ici. Mais ça crée aussi une pression : la pression de se faire accepter, et vous êtes accepté si vous montrez que vous êtes un bon professionnel, bien sûr. »

Dans ce contexte de culture communautaire, la note à laquelle Antonin fait référence arrive un peu *« comme un missile »*, dit-il. Elle brise le pacte social antérieur qui était fondé sur ces frontières symboliques entre groupes. Ce coup de tonnerre provoqué par le siège de Bank, le véritable clash qu'il implique, engendre immédiatement dans les agences locales un effet d'énorme surprise. Les personnels n'en reviennent pas. Rapidement cependant, la passivité cède le pas à de l'activisme. Un leader émerge quasi immédiatement qui va dire en quoi il y a clash et en quoi cela est tolérable ou non. Ce leader s'appelle Antonin.

Nous

« Donc vous allez prendre la tête de la révolte ? »

Antonin

« Une révolte... ouais ! mais pas dans le premier sens du mot. Il fallait exprimer notre surprise. J'ai appelé deux ou trois collègues patrons d'agence, on a discuté de la note, et on a décidé que c'était à la fois choquant sur le plan de notre culture et injuste si on regarde les conditions locales du business des agences. On a alors décidé de parler de ce problème avec d'autres collègues.

J'ai choisi ces collègues par affinités personnelles et, honnêtement, parce qu'ils dirigeaient les meilleures agences. Pas les deux jugées les moins bonnes. Je ne voulais pas donner un argument facile à la direction, du genre des faiblards montrent les dents pour se protéger des obligations du métier. Au contraire, le message était que les meilleurs, comme on nous appelait, disent non à ce qu'ils considèrent tous comme une attaque personnelle ! »

Nous

« Vous discutez entre vous, directeurs d'agences performantes, et vous déduisez que la direction veut en fait virer les deux directeurs d'agences moins performantes, qui ne faisaient d'ailleurs pas partie de votre réunion... ? »

Antonin

« On travaille sur les arguments de la note. Et on voit bien qu'il y a quelque chose qui ne va pas. Cela nous dit un truc du genre les gens qui ont écrit ça ne savent pas comment on fait le business ici. On réfléchit alors entre nous sur les conditions concrètes du travail d'agence dans des environnements hétérogènes. Puis on dit à la direction : "Attention, vous ne pouvez pas négliger le fait que travailler comme patron d'agence dans une région friquée est différent par rapport au fait de travailler dans un coin rural et pauvre. Vous ne pouvez pas appliquer exactement les mêmes critères de performance." On leur dit donc qu'on est en désaccord avec la note.

Donc on va faire deux choses. D'abord on se voit dans un restaurant près de mon agence quatre jours plus tard, donc un peu dans l'urgence.

Car il faut donner le sens de l'urgence. On est sept collègues – si on n'a pas invité les deux collègues incriminés, ils sont néanmoins au courant et savent qu'on discute de l'incident.

Donc on parle et on écrit à la direction une note exprimant notre désaccord commun. Cette note propose aussi une alternative. Soit des recommandations pour mieux gérer ces comparaisons entre agences, parce que c'est ça le problème.

Le siège veut casser le groupe des patrons d'agence, ses dirigeants se moquent un peu de la performance comparée et tout ça. En l'occurrence, ce qu'ils veulent, c'est montrer que, dorénavant, le fait de comparer les business, c'est de pouvoir opposer les anciens copains les uns aux autres, ou un truc comme ça…

Nous, on interprète ça comme ça, et on ne veut pas aller sur ce terrain-là, surtout pas ! Nous, on parle business, et on dit au siège : on est les personnes qui peuvent vous aider, vous les gens du centre, à avoir de meilleures informations sur les trucs locaux et les marchés, et les clients et tout ça. Vous voulez prendre le contrôle du business ? OK mais faites-le correctement. »

Nous

« Et les deux collègues ? »

Antonin

« On exprime une très claire désapprobation sur la forme et on dit à la direction générale qu'on ne signera aucun formulaire d'évaluation cette année si elle ne démarre pas une discussion sérieuse, professionnelle avec nous… Donc nous envoyons cette note… Puis, à dire vrai un peu surpris, je reçois un coup de fil du président de Bank lui-même 24 heures après, comme s'il savait que j'étais l'instigateur. »

Nous

« Vous voulez dire que l'un des collègues au restaurant aurait donné des informations ? »

Antonin

« D'une façon ou d'une autre, la direction considère que je suis le méchant garçon qui a démarré le truc, voilà ! Bon, le président me dit qu'il voudrait discuter avec moi et on prend donc rendez-vous pour le lundi suivant. Quand j'arrive dans son bureau, il n'est pas seul, il y a aussi le nouveau directeur en charge du marketing, Ce dernier est là depuis un an à peu près, et je comprends de suite qui c'est lui qui a écrit la note ! J'admets que ça me rassure, ça me fait presque plaisir. On ne s'était pas trompés dans la réaction initiale, ça ne pouvait pas être un des nôtres.

Dans cette réunion on parle franchement du malentendu. Et le président décide de créer un groupe de travail sur les méthodes d'évaluation de la performance et les critères, qui serait placé sous les auspices du département marketing. Je suggère que le département des ressources humaines soit impliqué aussi. C'est OK entre nous et on s'entend sur le fait de ne plus jamais parler de l'histoire de la sanction sur les deux collègues.

Après avoir parlé de la réunion aux collègues à mon retour, nous pensons que c'est fini, oublié, pour l'instant en tout cas. Certes les deux collègues ne sont vraiment sûrs de rien. Mais au moins apparemment la note est enterrée... Je pense qu'on les a convaincus parce que les gars qui ont écrit la note de réaction savent de quoi ils parlent, ils sont bons, et le président sait qu'on peut mettre le bordel dans la boutique, une petite boîte où tout se répand comme une traînée de poudre en deux secondes. »

Nous

« Il s'est passé quoi depuis ? »

Antonin

« Cela a marché ! On a construit un nouveau système de critères. Ils prennent en compte les dimensions locales. Ils traitent les gens avec plus d'équité. On a eu des discussions assez rudes avec le marketing.

On a aussi découvert, chemin faisant, qu'il y avait dans les tuyaux un projet de fusion avec une autre banque et que, voilà dans ce type de contexte, on cherche à se débarrasser de certains cadres des agences. Cela a d'ailleurs créé pas mal de tensions. Mon sentiment, c'est que nous avons montré que les agences pouvaient contester des décisions du siège à partir du moment où nous démontrions qu'elles n'étaient pas bonnes, et qu'il y avait des gens qui les surveillaient de près, si on peut dire ! »

Nous

« Le groupe de résistants a disparu au fil du temps ? »

Antonin

« Ce n'était pas vraiment un groupe, on n'était pas supposés durer. Il y a eu une réunion pour se mettre d'accord sur le non, pour débattre entre nous pour dire non avec de la force, quoi ! Mais on n'était pas là pour créer un syndicat ou je ne sais pas quoi ! On voulait dire à la direction qu'on ne fait pas tout ce qu'on veut dans une entreprise, qu'il faut un peu respecter les gens avant de les envoyer bouler comme ça. »

Antonin raconte ainsi à sa manière l'histoire d'une contestation éphémère, qui ne va pas survivre au combat qui l'a vue se constituer et se dérouler. Elle concerne un groupe de pairs : des directeurs d'agences locales qui, entre eux, à deux ou à plusieurs, se réunissent parfois et se parlent au téléphone fréquemment. Ils arrêteront de se voir et de se parler une fois la réunion avec la direction achevée et une solution de substitution trouvée, sinon un compromis négocié avec les services du siège. Pourtant, d'une certaine façon, cette enclave dans l'univers de Bank survivra. Elle laissera une empreinte durable sur les personnes.

Cette contestation des directeurs d'agences produit deux effets remarquables. D'une part, elle force la direction à être très attentive à ses actes concernant tout le personnel des agences (et pas seulement leurs directeurs), ce qui est crucial au moment où des refontes profondes risquent d'être opérées, notamment à l'occasion d'une probable fusion avec un autre réseau bancaire de proximité. D'autre part, elle engendre un système de comparaisons entre agences par points pondérés en fonction de la nature des environnements et marchés locaux des agences. La contestation a laissé planer une menace se traduisant par le boycottage local d'un outil si aucun accord n'était trouvé entre le siège et les directeurs d'agences, c'est-à-dire une grève de l'outil d'évaluation annuelle. Le message contestataire porte bien sur l'usage ou le non-recours à des procédures de mesure et de comparaison entre agences et, surtout, entre cadres des agences dans cette entreprise.

La question de la sanction qui menace deux collègues dirigeant des agences qui ne sont pas jugées performantes par le marketing du siège n'est pas vraiment au cœur de la démarche. Ce dont on parle en dernier ressort, c'est de *business*. C'est aussi en se situant sur un terrain qu'il maîtrise, à la fois en raison des statuts et des performances de ses membres, que le groupe des sept a obligé la direction à revenir en arrière tout en lui permettant de sauver la face grâce à l'échappatoire de la création d'une *task force*, d'un groupe de travail.

L'épilogue de cette contestation n'est pas banal, à l'exemple du cas d'Agro présenté plus haut.

Huit mois après cet épisode, le directeur du marketing de Bank quittera l'entreprise pour rejoindre une autre banque comme directeur d'une région. Il expliquera son départ comme motivé à la fois par cette affaire, dans laquelle il avait eu le sentiment que la direction avait été baladée par « *un type très influent et très malin* », et par le fait que la *task force* avait « *condamné toutes les pratiques nouvelles qu'il avait tenté de mettre en œuvre dans cette entreprise* ». L'opposition se situe non pas entre les agences et une direction générale qui se montre au fond assez complice car partie intégrante de la même culture, mais entre un morceau du clan, soit les directeurs, et un corps étranger personnifié par le directeur du marketing et son staff.

En d'autres termes, la contestation d'Antonin et de ses pairs ne s'oppose pas d'abord à une décision précise donnée, mais à tout l'arrière-fond culturel qu'elle nie. Elle augure d'un changement de plus grande ampleur – encore vague mais intuitivement identifié par les gens du terrain – que préfigure une pratique qualifiée de choquante par ces derniers car non respectueuse des canons habituels. La contestation n'aura été productive que parce qu'elle a fini par entériner l'importance de la question posée par la décision initiale, tout en en fixant autrement les données et les enjeux.

Par ailleurs, Antonin, la figure de proue des directeurs d'agences contestataires, deviendra quelques années plus tard le directeur général de Bank.

LE TRAVAIL DE RÉBELLION

Les histoires de Marc et Antonin présentent des ressemblances. Comme s'il existait des conditions à satisfaire pour faire vivre un mouvement de contestation. Entrer en rébellion exige du travail, voire beaucoup de travail. Cela nécessite aussi de mettre en œuvre des compétences spécifiques. Des gestes précis doivent être accomplis et des points de passage quasi obligés doivent être respectés. C'est ce processus qu'il s'agit maintenant de passer en revue de façon plus précise et systématique.

Un registre émotionnel

La contestation fait appel au registre de l'émotion et du sentiment. Les personnes la vivent avec intensité, voire sur le mode de la passion. Elles s'investissent affectivement pour une cause humaine et individualisée. Le registre des émotions immédiates va de la compassion à la colère, de l'indignation au ras-le-bol. Quelque chose d'inacceptable humainement et d'injuste moralement afflige soi-même, atteint un ami proche ou un collègue de bureau. L'arbitraire des puissants frappe. Les petits et les sans grades sont visés par un complot dûment pensé. Une agression *ad nominem* vise à démolir, à tuer quelqu'un qui ne le mérite pas ou qui n'y peut mais. L'arbitraire règne au point de devenir insupportable. C'est dégueulasse, dit-on.

C'est clairement le cas dans Bank, ce qu'exprime vivement Antonin. Dans la R & D d'Agro, la figure de la victime perçue qu'est Jacques, secoue Marc, puis Philippe et d'autres chercheurs. Elle alimente des sentiments partagés. Des hommes et des femmes défendent d'autres hommes et femmes brimés par un sort injuste. Car il y a des moments où, quelles que soient nos propres imperfections et quelles que soient les circonstances ou exigences de la vie des affaires, on n'est plus prêt à jouer, comme si un pacte tacite avait été rompu.

Ce registre émotionnel joue un grand rôle. Il stimule et soutient le rebelle au point de l'aveugler face aux risques qu'il est susceptible d'encourir. Il donne de l'énergie et de la motivation. Cette bonne raison permet aussi de lever toute équivoque quant à la situation du rebelle, notamment en gommant tout soupçon d'exagération exhibitionniste – faire parler de soi –, d'utilitarisme personnel – le soi-disant rebelle ne serait-il pas en train de jouer pour son propre compte ? – ou de jeu politique de sa part – il se couchera si la direction y met le prix. Autrement dit, il est nécessaire pour crédibiliser une cause, pour faire du rebelle une cause honorable, à la limite de la figure du martyr et du héros.

En même temps, si la dimension émotionnelle importe pour que se déclenche une rébellion, elle est loin de suffire.

Une clique

Le travail de rébellion va bien au-delà de la seule manifestation de réprobation, de l'expression bruyante d'une dénonciation. Il implique des actions plus tangibles et, dans l'idéal, partagées avec d'autres. Les rebelles font corps avec leurs collègues bien au-delà de l'émotion d'un moment. La contestation est mue et encadrée par un autre moteur. Un phénomène de clique émerge qui lie entre eux des collègues jusque-là épars. Une dynamique de groupe se déclenche. Elle prend le visage d'une clique, c'est-à-dire un groupe que ses membres privilégient comme référence pour fonder leurs attitudes, leur compétence et leur statut social.

La clique se mue en acteur autonome au sein d'Agro. Jacques n'est pas seul dans son malheur et son indignité. Des relais non seulement expressifs affectivement mais actifs politiquement, Marc et d'autres experts, se forment. Une mobilisation s'enclenche sous l'impulsion de Marc, suite à l'indignation qu'il ressent lorsqu'il apprend le sort réservé à la personne de Jacques. Elle est bientôt relayée par tout un milieu et se transforme progressivement en une action collective dont l'enjeu, au-delà du soutien à la cause de Jacques, est de provoquer un changement professionnel en matière de management des projets par la direction d'Agro.

Un discours public

Le groupe qui se mobilise par solidarité pour un des siens se dote d'une théorie plus ou moins simplifiée des raisons qui expliquent cette contestation. Cette théorie engendre un discours partagé entre membres en énonçant qui est coupable de quoi, pourquoi et contre qui.

À Agro, les managers de projets de R & D – ou du moins certains d'entre eux – se sentent attaqués dans leur identité commune par une agression venue d'un autre monde que le leur. Ils fabriquent un bouc émissaire : les marketeurs. Dans les faits, le comité de R & D d'Agro comprend des responsables de marketing, qui sont chargés de faire accepter par le marché de nouvelles molécules que sortent les laboratoires. Le paradoxe veut que le vice-président de la R & D, un homme fort, est quelqu'un qui à maintes reprises a montré qu'il savait résister avec vigueur aux pressions des filiales commerciales de l'entreprise. Néanmoins, l'arrêt décrété du projet AMX renforce dans les laboratoires de R & D un soupçon de prise de pouvoir par le marketing. Or, obsédé par les chiffres de vente et plus généralement par la seule perspective de l'argent, le marketeur serait insensible à la logique de la recherche appliquée. Il ne verrait pas ce qu'est un projet d'innovation. Les conditions permettant de faire un travail scientifique performant lui échapperaient. Face à ce repoussoir stigmatisé comme menaçant, et compte tenu du lâchage de leur hiérarchie, c'est aux experts de base de défendre par eux-mêmes leur éthos et leur identité.

Un agenda professionnel

Le travail de contestation conduit assez rapidement à dépasser le stade du seul registre compassionnel pour le compléter, sinon le remplacer par une réflexion axée sur le registre professionnel. Un agenda est formulé assez tôt qui prend pied sur le terrain de l'adversaire, c'est-à-dire celui du management. Une tactique bien comprise prend le dessus, elle consiste à ne pas faire pleurer avec la morale et abandonne la défense d'une cause individuelle isolée. On parlera de sujets impersonnels, de facteurs objectivables, d'efficacité ou de savoir-faire professionnel, par exemple. Il s'agit de toucher les dirigeants sur leur terrain en leur montrant leur erreur managériale.

Tel est le cas dans Bank. Antonin accepte la formule du groupe de travail. Tel est aussi le cas dans Agro pour le management des projets de la R & D. Assez rapidement, les experts, à commencer par Marc, vont privilégier une discussion de fond, quitte à mettre en sourdine leurs objections et leur solidarité à l'égard de Jacques. Les contestataires ne mettent pas le débat moral sur la table. Ils ne sont pas là pour faire pleurer. Ils se mobilisent afin de montrer qu'ils savent être aussi froids, technocrates et déterminés que ceux qui ont pris la décision d'arrêter le projet. Ils se placent sur le terrain de l'adversaire et partenaire, celui qu'occupe le tout-puissant comité de R & D au siège d'Agro.

Une expertise

Les contestataires tirent habilement parti des défaillances des règles du système en se plaçant sur le terrain de l'expertise professionnelle. Un fort esprit d'expertise permet d'affronter une expertise autre devenue adverse, un corps étranger qui menace le savoir-faire des contestataires. Par exemple, ceux-ci lancent des analyses parfois fines des critères et processus de décision qu'ils contestent.

Dans les deux histoires, c'est le marketing comme raisonnement pour la performance qui est pris pour cible, par les gens de la R & D comme par les opérationnels des agences bancaires. Dans Bank, les modes d'évaluation des agences sont investis par les contestataires en vue d'éliminer les interférences du marketing dont les critères de performance bousculent les réalités du terrain. Antonin, comme expert du travail d'agence, a même la capacité ou l'intuition d'anticiper des changements majeurs ultérieurs, par exemple une fusion de sa banque avec un concurrent, comme si les décisions entérinées en matière de performance des agences préparaient de grandes manœuvres.

Dans Agro, les experts et chefs de projets tirent avantage du caractère surprenant d'une décision d'autant plus difficile à comprendre que, après plus de sept ans, délai fort raisonnable dans le métier de l'agrochimie, le projet AMX est sur le point d'aboutir. Dans le même registre, ils transforment en ressources de leur action la fragilité même de la décision prise par le comité, qui se révèle très vite arbitraire et idiote aux yeux des contestataires, notamment parce que les grands chefs laissent faire et que l'un d'eux même va décider de soutenir discrètement le prolongement du projet AMX. Il y aurait donc là une décision fragile, non unanime, ce qui pourrait expliquer la courte note arrivant presque en catimini sur le bureau de Jacques. La contestation opère donc sur le terrain même de la décision : sur les critères de qualité d'un projet.

Les experts forcent la discussion en imposant des arguments de fond, en les élaborant et en inventant de nouvelles règles au fil de ces échanges, des règles qu'ils vont même pouvoir éprouver officiellement *via* le groupe de travail finalement créé.

Un leadership

La contestation ne ressemble en rien à un mouvement qui serait guidé par une sorte de volonté collective issue spontanément de la sagesse de la masse et de la participation démocratique de la base. Lorsque rébellion plus collective et durable il y a, ce qui n'est pas le cas dans toutes nos histoires, un leader fort et actif émerge et se manifeste. Il réagit dans l'urgence et, surtout, imprime la nécessité du sens de l'urgence. Agir de suite importe.

Ainsi Antonin, en liant les décisions du marketing touchant l'évaluation des agences à une fusion ultérieure de sa banque avec un autre établissement financier, tire la sonnette d'alarme : il faut agir de suite, il faut dès maintenant résister sur la décision du marketing pour ne pas avoir à subir plus tard des évolutions massives irréversibles et contre lesquelles les agences ne pourront rien. Tant Antonin que Marc, les meneurs apparents, bénéficient eux-mêmes d'une réputation de réussite dans leurs entreprises respectives. Certes ils ne sont pas intouchables. Cependant ils sont écoutés dans les réunions, ils ont un statut informel de porte-parole. Leur ascendant et leur légitimité dans la contestation sont compris comme des attributs qui exprimeraient leur personnalité profonde. Au point que certains des collègues de Marc attendent de lui qu'il endosse personnellement le risque de faire quelque chose pour Jacques, et surtout contre le comportement du comité de R & D. C'est d'ailleurs bien ce que Marc va faire spontanément en décembre, dès qu'il apprend le sort réservé à Jacques et à son projet. Car, à ses yeux, la décision d'arrêter AMX questionne un peu les raisons qu'il a lui-même par ailleurs d'aimer son travail, elle fragilise son attachement à Agro. Pour Marc, de l'issue de la contestation dépendra de plus en plus son avenir au sein de l'entreprise. Il transforme la lutte contre la décision du comité de R & D en affaire de principe absolu, donc non négociable.

Une voie de sortie

Le travail de rébellion vise enfin à identifier des possibilités de sortie par le haut. Il s'agit en l'occurrence de concilier deux exigences : obtenir par un rapport de force que soit annulée la décision qui a donné naissance au rejet, ne pas coincer l'adversaire dans une position dont il ne puisse pas sortir. La rébellion relève aussi de l'art de la quasi-négociation, en particulier par la recherche de compromis acceptables par les parties adverses. Encore faut-il que des issues soient disponibles, ce qui ne va pas toujours de soi lorsque le rebelle, à l'exemple de Jean-Paul à Bat et de Michel à Fil, ne parvient pas ou ne cherche pas vraiment à en repérer une.

Les histoires de Bank et d'Agro suggèrent que, si le conflit se traduit sur un registre professionnel ou managérial, les rebelles fournissent en même temps aux dirigeants – chose essentielle – une possibilité de sauver la face, de manifester leur intelligence s'ils acceptent d'écouter les arguments de fond véhiculés par Marc, Antonin et leurs cliques respectives. En fait, dans les deux cas, la chose est facilitée par l'entrelacement d'un collectif solidaire invisible et d'une affaire personnelle. Les adversaires ne se trouvent pas engagés dans un combat à mort. Tout comme le président de Bank, le vice-président d'Agro qui a en charge la R & D sent bien cet entrelacement. Il ne lui échappe pas que la décision d'arrêter le projet AMX a été effectivement prise à la hussarde, sur la base des arguments d'un responsable du marketing présent dans la salle de réunion ce jour-là. Il sait aussi qu'aucun consensus n'a émergé en séance entre les membres du comité qui étaient présents autour de la table. Or les hauts dirigeants de la R & D connaissent leurs troupes, comme le reconnaîtra plus tard le vice-président. « *Quand le projet AMX a été finalement stoppé, je me suis demandé comment les chercheurs allaient réagir. Je me suis un peu dit qu'on allait au-devant de certains problèmes... mais je ne savais pas trop lesquels ! Cela dit, il fallait bien trancher en séance.* » Un peu comme si les chefs, s'attendant à une riposte, laissaient celle-ci produire quelque chose que le comité n'avait pas pu élaborer : une position plus harmonieuse, moins brutale. À une violence, celle du haut, répond une violence, activée par le bas. Pourtant, au fil de leur rencontre, s'instaure un débat qui va générer des règles neuves.

RÉSISTANCE ET CHANGEMENT

Souvent ce sont des actes de rébellion contre le management qui ouvrent à l'entreprise des pistes pour le changement. Dans tous ces actes, la contestation ne se résume pas à une dispute discrète qui perdrait son sens une fois calmée, voire dépassée. Elle n'est pas non plus un processus consistant à tout mettre par terre, à détruire pour détruire. Les contestataires sont porteurs de valeurs et même de projets alternatifs. D'autres interactions suivent de façon quasi systématique un épisode initial. Elles caractérisent alors un processus social bien plus riche et complexe. Ce constat mérite qu'on s'y attarde davantage.

Le paradoxe de la bureaucratie

Paradoxalement, c'est le management lui-même qui fournit les moyens et les occasions d'ouvrir une brèche à une dynamique de rébellion. Ne serait-ce que parce que les résistances naissent toujours à partir d'une décision managériale donnée, d'un fait précis et localisé, qui touche un public très ciblé, à commencer par une personne proche par son statut ou par son métier. Une rébellion ne se met pas en mouvement à partir d'une décision dont l'impact est dilué et parce qu'elle affecte concrètement et directement un public de subordonnés nombreux. Ne serait-ce que parce que le management se met en scène en permanence et court donc par essence le risque d'être exposé sans filet de protection aux jugements et aux critiques. Bien entendu, ce paradoxe élégant a des limites. La rébellion n'est pas pour autant lancée d'en haut et les catégories de la résistance ne sont pas mécaniquement générées par l'instabilité de la domination elle-même, voire par une crise sociétale de l'autorité et de sa légitimité. C'est à partir du terrain, de situations individuelles et par des mobilisations locales que la rébellion prend naissance.

Un autre constat récurrent tout au long de nos histoires est que, dans sa phase initiale, une rébellion se traduit par une attitude de résistance. Elle exprime un refus, elle rejette un changement. Tant à Bank pour Antonin qu'à Agro pour Marc, la figure du leader et du meneur d'origine ne porte pas en elle une volonté de modifier les règles du management. Il s'agit de dire non face au « n'importe quoi » du siège. Plus généralement, les premiers résistants, les pères de la contestation, n'ont pas vraiment conscience de ce à quoi progressivement tendra et à quoi aboutira leur mouvement : modifier des pratiques dont ils ne supportent plus l'arbitraire ou des procédures de gestion qu'ils estiment agressives à leur égard. Ils ne se veulent pas réformateurs. Ils se voient surtout comme des porte-parole d'une base qui veut dire son fait au Prince. À leur origine, la plupart des actes de refus sont souvent peu porteurs de solutions et de projets de changement. Le discours dominant relève du registre de la critique ; mise en cause des cadres dirigeants, dénonciation de leur comportement hégémonique, etc.

Les critiques qu'expriment les rebelles mettent assez facilement en cause la légitimité d'un ordre donné. Elles inventent toutes sortes d'histoires plus ou moins cocasses ou, au contraire, déprimantes et crépusculaires. Pourtant elles ne vont pas aisément jusqu'à suggérer des alternatives dans la façon de voir et de faire les choses. Car, pour cela, il faut prendre le risque de se montrer. Il faut se mettre en scène, face à l'adversaire, campé dans la posture d'un chef plus ou moins proche, et face aux suiveurs potentiels. Il faut créer une brèche effective dans la carapace hégémonique du management, qui aille au-delà des moqueries et du cynisme à l'égard de pratiques et de discours dont personne ne reste dupe.

Si le ton employé est vigoureux, si les émotions sont passionnées et les jugements radicaux, la critique reste pourtant et le plus souvent relativement contenue sur le fond. Ainsi les rébellions ne vont pas jusqu'à déconstruire le management ni même jusqu'à défier ouvertement les dirigeants. L'affrontement est trop inégal. L'union à la base reste fragile. Qui plus est, les contestataires peuvent trouver intérêt à rester dominés. Ce paradoxe mérite qu'on s'y arrête un court instant.

Les histoires que nous avons recensées sont des rébellions qui se passent dans des entreprises pratiquant le management dit moderne. Ces organisations privilégient le recours à des instruments de quasi-marché interne tels que des contrats de principal à agent entre le siège et les centres de profit, des indicateurs de performances – les fameux *KPIs* ou *key performance indicators* –, une politique du personnel dite de gestion des ressources humaines et l'évaluation à court terme sur la base de critères exclusivement financiers. Par rapport à la pression discrétionnaire qu'exercent leurs dirigeants, les cadres et les salariés en général sont relativement protégés par une gestion de type bureaucratique alors qu'ils sont beaucoup plus vulnérables aux interventions discrétionnaires et individualisées dans des organisations ayant adopté une approche en termes de management, les instruments de contrôle par la mesure des performances des subordonnés étant plus individualisés et objectivables. Combiner la pression directe à la performance avec un désarmement des règles procédurales accroît donc fortement le risque de rébellion. Car la protection contre l'arbitraire, réelle ou perçue, décroît de manière spectaculaire.

La bureaucratie protège

Les effets paradoxaux de la formalisation des procédures de travail et des structures d'organisation constituent un des apports les plus célèbres de la sociologie des organisations. Car la bureaucratisation engendre une série de dysfonctions et d'effets contre-intuitifs.

Le sociologue américain Robert Merton[1] a mis en évidence le fait que plus un subordonné applique strictement une règle – la règle, toute la règle, rien que la règle –, plus il se protège de l'intervention discrétionnaire

1. Merton R.K., "Bureaucratic structure and personality", *Social Forces,* vol. 10, n° 4, 1940, pp. 560-568.

de sa hiérarchie dans ses affaires, plus par conséquent il devient autonome face à ses supérieurs. Les subordonnés appliquent scrupuleusement et de façon tatillonne la procédure non pas parce qu'elle fournit un moyen efficace de résoudre le problème pour lequel elle a été définie, mais parce qu'elle leur permet de tenir à distance les supérieurs.

Trop de règle tue la règle. Une règle détaillée réduit l'autonomie des subordonnés qui, en principe, n'ont plus le libre choix de leur conduite, sauf celui de se conformer à la lettre des instructions de la hiérarchie. Or un recours trop massif à la procéduralisation aboutit à un effet inverse : il accroît l'autonomie des subordonnés et il rend les chefs largement dépendants des façons de faire de leurs subordonnés, de leur bonne volonté, de leur capacité à improviser sur le tas des solutions. La raison en est simple à comprendre. Plus il y a de règles qui régentent comment faire ce qu'on à faire, plus il y a de chances qu'elles soient contradictoires entre elles et qu'elles ne facilitent pas l'action. Que peut alors faire la hiérarchie ? Il arrive un moment où elle doit faire confiance à ses exécutants, leur accorder dans les faits une marge de manœuvre pour les interpréter en fonction des circonstances locales concrètes et pour faire du mieux qu'ils peuvent là où ils agissent.

Le sociologue français Michel Crozier a montré l'existence d'un cercle vicieux. Plus une entreprise est gérée de manière bureaucratique, plus elle a recours à des solutions encore plus bureaucratiques pour corriger les erreurs et dysfonctionnements qu'engendrent la formalisation des procédures, la centralisation et la spécialisation [1].

Un autre constat de Crozier est que les bureaucrates ne contestent guère le fonctionnement et le gouvernement de type bureaucratique : ils défendent plutôt l'acquis. La bureaucratie offre de la protection et de la prévisibilité quand la bataille fait rage au-dehors.

Une distinction majeure entre les bureaucraties « traditionnelles » et les bureaucraties managériales concerne la nature des procédures et des règles, s'agissant des cadres notamment.

Les premières, qui sont aussi celles que les sociologues des organisations évoqués ci-dessus ont étudiées, font appel à des procédures et à des règles qui tracent des corridors d'action très étroits enfermant les exécutants dans la conformité stricte à des façons de faire. Elles sont donc instrumentales, régissant le comment faire. Elles abaissent fortement le pouvoir

1. Crozier M., *Le Phénomène bureaucratique*, Paris, Le Seuil, 1964.

discrétionnaire de la hiérarchie. Si la contrainte exercée par la règle instrumentale est forte, le subordonné peut néanmoins contenir l'intervention directe de son chef dans ses propres affaires et se reconstituer un peu d'autonomie, à condition qu'il se montre discipliné et se conforme aux instructions impersonnelles. Le chef, qu'il soit un dirigeant ou un cadre moyen, a lui aussi les mains liées par elles, en tant que subordonné de son propre chef et en tant que supérieur de ses exécutants. Il peut difficilement demander à son subordonné de faire quelque chose et son contraire.

Les secondes, qui sont celles d'entreprises adeptes du management contemporain, se distinguent des premières de plusieurs manières. Les cadres sont soumis à des exigences performatives imposées d'en haut – atteindre au moins tel volume de vente tel mois et tel taux de marge financière – qui portent donc sur les buts. En même temps ils opèrent dans un univers plus incertain. Les objectifs en termes de résultats s'accompagnent d'une relative déconcentration de l'autorité sur la mobilisation des ressources. Une réduction parfois sensible intervient en matière de règles instrumentales préconisant comment atteindre ces résultats, ce qui ne veut pas dire pour autant que la bureaucratisation est éliminée. Elle prend par exemple le visage de procédures de *reporting* en matière de contrôle de gestion. De plus, et c'est là un point clé, la hiérarchie dispose d'une grande marge de décision et d'appréciation en ce qui concerne les subordonnés qui sont cadres, notamment dans des domaines comme l'avancement, la rémunération et la mobilité. Autrement dit, la contrainte s'exerce sur les cadres de manière plus indirecte et plus douce, du moins en apparence. En revanche, leur dépendance à l'égard de leurs dirigeants est plus forte et il leur est plus difficile de se protéger contre leur intervention discrétionnaire.

L'alchimie pour le changement

Pour que la contestation soit source de changement, elle doit sortir de l'ombre des blagues, du freinage implicite et des formes secrètes de la résistance cynique. Elle doit devenir visible, sans pour autant prendre nécessairement la forme d'un mouvement officiel et institutionnalisé, de démonstrations élaborées ou d'émeutes de rues. Cette voie intermédiaire est complexe, multiforme. Elle se nourrit de l'infinie diversité des raisons de résister que les personnes invoquent pour rendre compte d'un geste parfois inexplicable. Cette voie se situe quelque part dans le secret des clans et des cliques, des complicités simples qu'offre la vie en entreprise, celles qui s'expriment dans les lieux sociaux où l'on raconte sa version du monde : la cafétéria, les machines à café, les bars, ou le secret d'un bureau.

Les rébellions se fondent sur deux éléments qui aident à les constituer et à les mettre en mouvement. D'une part, la clique partage quelques secrets puisqu'elle implique plusieurs personnes pour modifier le jeu. Il faut bien être dans le secret pour avoir envie de prendre le risque de résister. D'autre part, la clique partage une même perception de l'agression qu'elle estime subir.

La résistance est une violence, et c'est pour cela justement qu'elle doit peu ou prou sortir du secret, se montrer. Cependant la construction du collectif qui résiste passe bien par le partage initial d'un secret, par la désignation de lieux non surveillés par les oreilles managériales, par un objectif qui doit être clair et crédible, afin de devenir une histoire à conter, une source d'identité entre pairs et de décryptage du monde qui les entoure.

Les histoires de Marc et d'Antonin montrent avec précision comment un savant équilibre s'établit entre trois aspects qui se développent simultanément. Une tragédie se fabrique avec force émotions et passions et évoque la possibilité que se produise une menace grave sur le métier plus généralement. En même temps des discussions expertes se déroulent entre spécialistes qui sont conduites dans la froideur et sans émotions apparentes sur la base de la seule raison professionnelle et gestionnaire. Par ailleurs et en parallèle, le destin funeste de collègues qui sont pourtant les cibles premières de la décision managériale – par exemple, Jacques dans Agro et les deux directeurs d'agences dit non performants dans Bank – est minimisé sinon oublié : on n'en parle pas, on ne les associe pas.

Ces rébellions sont racontées par des personnes. Néanmoins ce ne sont pas pour autant des révoltes égocentriques, magnifiant l'intelligence calculatrice d'un leader ou la bravoure d'un groupe. Ce sont des récits assez spontanés, qui viennent du fond d'un bureau, ou d'une discussion fortuite, d'un échange complice avec un proche. Ces récits deviennent alors des histoires plus collectives. Ils s'organisent peu à peu, engendrent une part importante de l'énergie d'un groupe de personnes. Ce sont des projets dans lesquels la solidarité avec un pair menacé se mâtine de l'exposition parfois ostentatoire d'un savoir, du savoir de la règle : *« on connaît le jeu, on ne nous la fera pas »*.

La rébellion se formule sur le mode du partage avec l'adversaire de valeurs et d'intérêts communs, et non sur celui d'une opposition raidie par des expériences contradictoires et par une immense distance sociale, comme celle que l'ouvrier licencié peut ressentir par rapport à l'expert en relations sociales du siège mondial ou du fonctionnaire de Bruxelles. Bien au contraire, ce sont des ressemblances qui s'affrontent sur un terrain commun. Il s'agit donc bien d'une contestation fondée sur la nécessité de respecter le jeu, un jeu d'ailleurs que les contestataires n'ont pas forcément contribué à construire, mais qu'ils jouent tous les jours : le jeu de la concurrence, des défis permanents, de la performance obligatoire, du classement. Il y a donc bien une touche éthique dans cette contestation : *« il y a des choses qui ne se font pas »*, voilà ce qui justifie la netteté du désaccord.

Bien entendu, ces histoires sont teintées de corporatisme. Après tout, on se défend aussi contre une critique qui va au-delà des émissaires typiques du message managérial que sont les directions générales. L'interprétation des contestataires dit la crainte qu'un métier soit agressé, ici par le blocage d'un processus scientifique bien enclenché, là par la négation des spécificités d'un marché local. Ces cultures professionnelles sont importantes au sein d'une entreprise. Elles construisent sa consistance en distribuant statut et prestige. On aime les directeurs d'agences à Bank. On apprécie les chercheurs à Agro. Par conséquent les microconflits et les luttes locales dont nous parlons prennent un sens dramatique. Ainsi, chez Agro, les marketeurs seraient désireux de tuer la voix de la science car cette dernière ferait perdre du temps précieux. Chez Bank, les chefs d'agences perçoivent les marketeurs comme voulant minimiser leur contrôle sur le client local pour cause d'excès de familiarité avec eux. Les technocrates du marketing sont combattus parce qu'on les juge comme des porteurs arrogants de l'idéologie désincarnée du marché, idéologie qui s'opposerait frontalement aux cultures professionnelles de projet en R & D et de contact dans la banque de proximité. Ils servent de boucs émissaires, procédé commode pour des salariés sortis du même moule qui veulent évacuer un conflit sans trop de casse en se trouvant une tête de Turc extérieure à leur groupe.

Une ambivalence constructive

Les groupes de métiers se saisissent de décisions. Ils trouvent un porte-parole, qui est souvent le « meilleur » d'entre eux, le moins fragile dans le rapport de force qui s'engage. Pourquoi Marc ou Antonin, et pas un autre ? Comment se fait-il que, dans les deux histoires, un des meilleurs professionnels s'empare de l'affaire, exprime son désaccord et cherche à le faire partager par un collectif ?

À cela trois raisons. Être considéré comme le meilleur suppose que l'on maîtrise une compréhension fine des règles du jeu dans l'entreprise. Être le meilleur signifie aussi être hyperconforme par rapport aux attentes de l'entreprise, donc pouvoir d'autant mieux refuser le moindre écart par rapport à elles. Enfin, être le meilleur, c'est probablement vivre une période de sa carrière où l'on réfléchit sur la suite de la vie professionnelle – rester dans l'entreprise ou en partir. Le meilleur a besoin de l'étincelle pour trouver les raisons de rester.

La contestation de Marc et d'Antonin devient d'une certaine manière productive lorsqu'elle se traduit par la formulation d'une nouvelle technologie gestionnaire : ici une liste de critères, là un processus de travail formalisé. C'est un peu le monde à l'envers. Les dirigeants prennent des décisions qui sont finalement assez peu techniques, peu appuyées sur des éléments très objectifs et de ce fait facilement opposables. Or c'est précisément cela que les salariés contestent : que l'action du haut ne manifeste pas assez d'objectivité, qu'elle soit trop discrétionnaire ou hâtive.

C'est à travers la résistance des laboratoires et des agences, autrement dit « du milieu et du bas », que de nouveaux outils et une nouvelle formalisation sont produits, qui serviront plus tard à d'autres décisions peut-être moins contestables. Je résiste comme pour être mieux subordonné. En même temps c'est là le prix ou la contrepartie à payer quand on conteste sur et par la règle : il faut demander et accepter que la hiérarchie fournisse de la règle pour que le mouvement soit perçu comme légitime. La résistance sera moins forte si elle ne porte pas sur la règle ou sur l'absence de règle. Ma liberté en tant que contestataire, c'est d'exiger des règles nouvelles, voire de les construire moi-même si le haut m'en donne la possibilité.

Oscillant entre le partage de secrets personnels et une mise en mouvement plus large, les contestations suggèrent une leçon plus générale. Il serait naïf et fallacieux d'opposer deux mondes : celui de la résistance, qui serait situé en bas, et celui du pouvoir, qui trônerait en haut. Le premier serait merveilleux et sincère. Le second serait diabolique. Dans nos histoires, il n'y a ni ange ni démon : ni travailleurs émancipés, libres d'agir à leur guise et résistant pour le bien commun, ni managers hiérarques accomplissant leur tâche en crucifiant çà et là, de façon plus ou moins arbitraire, des employés moins méritants. Tout est bien plus complexe qu'un monde de gens luttant pour leur libération contre une clique de puissants dont le seul horizon serait de se reproduire.

Les managers du siège se montrent presque aussi fragiles et incertains que les salariés qui leur résistent. La scène n'est pas occupée par les oligarques arrogants de la mondialisation ferraillant contre leurs victimes misérables. Les managers sont plus faibles qu'on ne le pense souvent, et c'est parfois cela même qui explique la violence avec laquelle ils agissent. Par ailleurs, résister est en soi un acte de pouvoir, qui suppose ses propres manipulations et ses expédients.

Résister à Agro ou à Bank ne consiste pas à changer le monde, mais à provoquer un échange moins asymétrique, qui éclaire le management de façon contrastée en évitant l'opposition frontale entre une base qui lutte pour sa survie et sa dignité et une direction qui résiste à l'envahisseur du bas. Pour le coup, on voit bien que résister est un acte commun, quasi naturel, humain, et que l'entreprise est le lieu d'une lutte constante qui apparaît vitale pour elle. C'est bien parce qu'il y a de l'hostilité qu'il peut y avoir de la sympathie. En même temps, aucune de nos histoires ne laisse poindre un sentiment de franche hostilité allant jusqu'à vouloir la mort de l'ennemi. Il n'y a ni rage ni colère. Plutôt de la froideur manifestant une indignation sourde et une violence contenue, de la déception et du ressentiment face à des trahisons et des doubles jeux de la part du management.

Ces histoires conduisent donc vers un autre monde que celui du sabotage, du freinage, des moqueries et blagues cyniques sur les chefs. Elles montrent un travail compétent d'analyse d'une situation qui piège les managers dans leur propre logique dite rationnelle. D'une manière plus générale, comme le suggèrent la majorité des histoires recueillies par nos soins, les gens du bas sont plus forts pour une raison majeure. Ils sont meilleurs dans le diagnostic politique de la situation. En effet, ils contestent l'infaillibilité de la décision prise par les dirigeants car ils savent qu'elle est mauvaise. Nul besoin d'explosion de rage lorsque l'on connaît son bon droit.

Face à ces contextes, la direction, pour sa part, s'égare sur des registres qui ne conduisent nulle part. Elle infantilise le sens de la contestation. Elle surinterprète le besoin de défoulement émotionnel des rebelles. La psychologie de bazar et la condescendance peuvent l'empêcher de se placer sur le registre de l'action réaliste, de prêter une oreille intéressée et de comprendre le message qu'adresse la base, jusqu'à se mettre en infériorité de capacité politique.

Au milieu de cette apparente froideur de l'analyse demeure pourtant un doute originel. La contestation naît du malaise suscité par un événement qui tout à la fois concerne chaque cadre et ne le concerne pas. Dans les cas de Bank et d'Agro, il existe un dilemme fondamental : en quoi et pourquoi devrais-je être solidaire de mon collègue maltraité ? Ces doutes se traduisent par des mises en mouvement collectif. Dans ce cas, la solidarité joue. Ils se manifestent aussi par des retraits, par des mises à l'épreuve mal acceptées, engendrant des désaccords profonds, des dilemmes sur des décisions jugées illégitimes et des départs de l'entreprise. Dans ce cas, chacun joue pour soi. Le rebelle ne s'appuie sur aucune solidarité sur son lieu de travail.

Réussir une rébellion

Une rébellion fait appel à des comportements et à des ressources très particulières. Son devenir et son débouché résultent de la manière dont ces comportements seront mobilisés et ces ressources disponibles. Les circonstances du moment revêtent une importance certaine quant à la possibilité de les assembler.

Mener à « bon » terme une rébellion est facilité par le fait d'observer dix commandements :

1. Une rébellion procède d'une cause conjoncturelle et sujette à des émotions partagées localement.
2. Ses meneurs disposent de capital social et cognitif reconnu au sein de l'entreprise.
3. La rébellion privilégie une posture de conformité critique.
4. Une dramatisation s'opère qui appuie là où cela fait mal et qui évoque une agression de la part de la hiérarchie.
5. La rébellion prend la hiérarchie par surprise.
6. Elle transforme la défense d'une cause personnalisée et conjoncturelle en une interrogation critique plus générale sur la capacité de la direction à gérer et à agir dans le domaine. La hiérarchie de l'autorité est prise à revers de ses certitudes.
7. Elle précise rapidement ce que les rebelles veulent aborder avec leurs interlocuteurs dirigeants. Elle met sur pied une argumentation préconisant l'adoption des solutions professionnelles alternatives : règles, manières de manager.
8. Elle renverse, mais pour une période temporaire, le rapport d'autorité. Elle suscite des opportunités de négociation fonctionnelle dont la direction se saisit de son côté.
9. Les rebelles et la direction négocient en considérant l'autre partie non pas comme un ennemi qu'il faut tuer, mais comme un adversaire qu'il faut respecter.
10. Des accords plus ou moins implicites sont espérés, rendus possibles et acceptés *a priori* comme crédibles.

Une rébellion qui « réussit » évite aussi de commettre un certain nombre de péchés véniels sinon mortels. Six pièges jalonnent sa progression et entravent une sortie possible par le haut :

1. Les rebelles se cantonnent aux registres émotionnels et psychologisants de type *« je n'en peux plus »*. Ils s'enferment dans une dynamique de confrontation en désignant des boucs émissaires et des coupables – sur le thème *« tel chef est un salaud, on veut sa peau »*. Ils font un recours exagéré à une idéologie prêt-à-porter du genre *« à bas le néolibéralisme et la globalisation »*. La direction, pour sa part, privilégie le registre du ressentiment, de l'infantilisation de son partenaire et de la défense de son infaillibilité.
2. Une place décisive est réservée aux râleurs patentés et aux révoltés estampillés quant à la définition de revendications et à la recherche d'issues. Pis encore, les rebelles s'en remettent et font confiance à la seule dynamique spontanée de la masse.
3. Les rebelles placent les dirigeants de l'entreprise dans une situation dans laquelle ils perdent publiquement la face. La dynamique de la rébellion en arrive à mettre la partie adverse dans une posture telle qu'elle ne peut vraiment pas répondre autrement que par le refus et le rejet.
4. Les rebelles s'en tiennent à la seule réparation du tort causé à un cas singulier en particulier. Ils ne généralisent pas le problème.
5. Les rebelles font en sorte que la contestation morale ne puisse pas déboucher sur un agenda pragmatique.
6. Chacune des parties prenantes cherche en priorité à écraser et tuer le méchant qu'est l'adversaire plutôt qu'à négocier avec lui dans un rapport de force.

Chapitre 5

Contestataires un jour, et après ?

Que deviennent les rebelles ? Quelles conséquences leurs actes de contestation ont-ils pour eux en pratique ? Payent-ils leur transgression au prix fort ou bien tirent-ils bénéfice de leur audace, sur le plan de leur carrière, en termes de confort psychologique et moral ou de statut social ?

Pour relativiser les destins qui traversent nos histoires, le présent chapitre met en parallèle la façon dont les rebelles qui quittent leur entreprise vivent leur sort et celle dont ceux qui restent l'assument. Il s'en dégage une grande variété de lendemains. Il en émerge aussi un fait massif : la contestation laisse des empreintes fortes. Les personnes ne sortent pas indemnes de leur rébellion et encore moins identiques à ce qu'elles étaient juste avant d'y entrer. Il y a épreuve et transformation. Contester n'est pas un jeu sans conséquence, une parenthèse que le temps gommera aisément. Pour le meilleur et pour le moins bon.

CEUX QUI PARTENT

On ne gagne pas à chaque fois. On ne perd pas non plus à coup sûr. Par ailleurs, plus souvent qu'à leur tour, les mouvements de rébellion s'enlisent. Aucune dynamique de contestation ne s'enclenche. Les raisons sont multiples et variées. Les adversaires avec lesquels se battre font défaut. Les directions font la sourde oreille. La mobilisation en amont ne prend pas. La capacité de transformer une cause individuelle en débat de pratiques managériales est défaillante. Le mouvement se délite au fil du temps. Il se déchire, victime de malentendus ou de manque de soutien. Les contestataires ne prennent pas le temps d'affronter l'épreuve qui consiste à objectiver un agenda et des arguments négociables. Leur douleur et leur indignation sont trop lourdes. Ils se retirent du jeu. En avalant la pilule. En se terrant. En quittant l'entreprise. Avec une mentalité de *loser ?* Portent-ils de façon prolongée des stigmates ou bien l'épreuve les a-t-elle fait mûrir ?

Rappelons les histoires de Jean-Paul et de Michel. Ces cadres se sont jusque-là tout à fait coulés dans le moule de leur entreprise. Or ils démissionnent pratiquement du jour au lendemain après avoir exprimé un désaccord profond avec une décision managériale concernant leur prochaine fonction, une mutation qui est censée accélérer leur accession au statut de cadres à très haut potentiel, la récompense au bout du chemin. Ils la refusent pourtant parce qu'ils jugent qu'elle traduit de la part de la direction et de ses services une façon de voir le monde, de penser la carrière et la réussite moralement inacceptable. Ils parlent à ce propos d'écart éthique et de différence de valeurs insurmontables. Chacun se donne certes des raisons spécifiques : pour Jean-Paul, sa vie privée serait sacrifiée sinon ignorée délibérément par sa hiérarchie (ou pire, instrumentalisée) ; pour Michel, un héritage familial douloureux serait ravivé et bafoué par la direction des ressources humaines. Dans les deux cas, et pour la première fois dans leur carrière en entreprise, ils invoquent des aspects privés à propos de leur sphère du travail en entreprise. Ils osent exprimer leur désaccord sous une forme directe. Dans le cas de Jean-Paul, la manière adoptée apparaît même agressive, voire cynique et revancharde : il dérange son chef par un coup de fil un samedi soir, moment sacré de hors travail. À chacun sa façon de mettre en scène sa révolte, son rejet, son point de vue, pour exister face à la personne qui l'a soumis à un questionnement délicat.

Au contraire des histoires de Marc et Antonin relatées au chapitre 3, Jean-Paul et Michel vivent dans un relatif isolement, en tout cas dans leurs entreprises respectives. Ils n'ont pas d'alliés visibles, ni d'ailleurs d'ennemis proclamés, si ce n'est le superviseur direct qui transmet l'ordre. Leurs conduites demeurent cantonnées dans un flou relatif, car ils créent un précédent, et parce qu'ils ne savent pas comment leur hiérarchie aussi bien que leurs pairs vont réagir. Vont-ils être entendus par la première ? Vont-ils être soutenus par les seconds ? Ils s'attendent en tout cas au pire. Et ils s'y préparent en prenant une deuxième décision majeure : quitter l'entreprise.

Ils jouent donc, ce faisant, à quitte ou double, en même temps que leurs doubles refus – du nouveau poste et de rester dans l'entreprise – sont profondément logiques. Jean-Paul et Michel goûtent à nouveau, après quelques années, le fait qu'ils maîtrisent une partie de leur destin. Ils font après tout ce que l'entreprise leur dit de faire depuis qu'ils sont embauchés : ils décident du chemin qu'ils souhaitent emprunter. Cela passe par un départ brutal. Tant pis.

Mieux comprendre ces épisodes de résistance suppose donc de les lire de l'intérieur, sans tomber dans une psychologie approximative. Jean-Paul et Michel expliquent ainsi les conditions qui les poussent à refuser qu'un rouage hégémonique de l'entreprise ne s'applique à eux.

Jean-Paul

« Il a été très tôt évident que je n'allais pas pouvoir rester. C'est comme si, le lundi suivant, on me regardait différemment. Je sais bien que c'est moi aussi qui regardais tout de façon différente… mais ça fait une drôle d'impression. Le vendredi soir, vous quittez le bureau disons comme d'habitude quoi, avec vos projets en tête, la motivation, et un peu la routine aussi. Et le lundi matin, il y a eu une espèce de cataclysme : le bureau, c'est plus pareil, et les gens non plus. C'est un vrai film […] donc il y a quelque chose qui s'impose, on n'est plus chez soi, ça devient insupportable. Car les moments où on voit les gens et où on discute, ce qui fait le côté sympa aussi du boulot, on n'ose plus, on se demande de quoi on va parler. Et c'est les gens aussi qui, peu à peu, ne vous parlent plus ou plus pareillement… »

Nous

« Le lundi, vous n'avez vu personne ? »

Jean-Paul

« Si, justement, et tout le monde savait tout, c'était incroyable, ou bien ne savait pas… Je ne sais pas. En tout cas les collègues me demandaient comment j'avais pu être aussi bête… enfin ce n'était pas aussi direct, évidemment. De toute façon la relation avait changé, sauf un ou deux qui souriaient et je ne savais pas trop pourquoi ; mais c'était : bravo tu en as, ou cela pouvait tout aussi bien dire : un de moins sur la liste… en tout cas, ce doute-là, moi je pouvais pas le supporter. Donc j'ai filé ma démission dans la soirée, et je ne pense pas sur un coup de tête.

Le manager quant à lui n'a pas paru vraiment surpris, je dirais. Peut-être a-t-il pensé que ça avait été plus rapide que prévu… »

La résistance casse le décor que le rebelle voit autour de lui. Elle casse aussi le décor des autres, ceux qui ne résistent pas. Quelque chose d'inhabituel, qui équivaut à une transgression, vient en effet de se passer sur scène : on ne refuse pas une promotion dans un univers marqué par l'idée d'avancer, de progresser. Un tel refus traduit une mauvaise manière, voire une forme de déviance. Jean-Paul devient un déviant. Il s'est écarté de la trajectoire normale. Or, quelles qu'en soient les raisons, c'est impossible à faire ici, dans l'entreprise. Ce n'est pas le fond des raisons qui importe, mais le fait même de ne plus respecter la trajectoire. Le déviant devient un paria. Ce ne sont plus les apparences qui comptent, mais ce qu'il a fait. Il est éliminé du groupe.

Cela, Jean-Paul le sait, lui qui a toujours suivi la trajectoire correcte, ici comme à l'école. Il sait bien qu'il vient de franchir la ligne rouge samedi soir. Donc il est devenu déviant lui-même : autant annoncer de suite son propre départ. En aucune façon il ne se voit devenir le militant de sa propre cause. Ce lundi, il ne pense vraiment pas que son cas puisse s'ériger en une cause valable à défendre. Il se trouve juste planté en face d'un décor qui s'est transfiguré, peut-être simplement parce qu'il n'est plus lui-même en scène. Ce n'est que plus tard que des conversations avec d'ex-collègues lui suggéreront qu'il aurait pu y avoir une cause autour de laquelle se mobiliser à travers son propre cas : la cause de la négociation de la ligne, celle qui définit ce qu'est ou n'est pas le comportement d'un cadre d'avenir dans l'entreprise. Le débat n'a pas eu lieu car Jean-Paul est parti. C'est donc trop tard, du moins pour son propre cas. À une nuance près cependant.

En effet, plusieurs collègues de Jean-Paul vont quitter l'entreprise à leur tour. L'imiter pour ainsi dire, dans l'année suivant son propre départ. Sont-ils des amis de Jean-Paul ? Pas spécialement. Se sentent-ils solidaires de lui ? Pas vraiment. En revanche, ce sont des personnes que le départ d'un cadre aussi reconnu que lui aura troublées. Elles se sont rendu compte que quelque chose ne tournait pas rond si on laissait partir presque avec mépris, en tout cas trop facilement, sinon un des meilleurs managers de l'entreprise, du moins un des plus prometteurs.

Ce qui ne tourne pas rond pour ces cadres, pour ces rebelles sur le tard, n'est pas que l'entreprise ait une ligne et qu'elle exige de ses meilleurs éléments qu'ils s'y conforment aveuglément. Cet aspect relève en effet bien de la politique d'une direction et n'est donc pas problématique à leurs yeux. Pour gouverner, ne faut-il pas créer des cadres de pensée et faire en sorte que des membres exemplaires les intériorisent, condition préalable pour ensuite être considérés comme exemplaires, justement parce qu'ils les intériorisent. Non, ce qui ne tourne pas rond à leur avis, c'est que l'entreprise refuse toute discussion avec Jean-Paul. Une entreprise comme la leur affiche la prétention d'être pluraliste, ouverte aux initiatives, *« prête à entendre beaucoup de choses »*, comme le répète son président devant ses cadres. En revanche, elle se contente d'opposer cyniquement et glacialement un refus de promotion à un refus de mobilité. Elle ne veut rien entendre des bonnes raisons hors travail que Jean-Paul invoque.

Or beaucoup de choses s'expriment à travers un acte de promotion. Du côté de l'entreprise, c'est le verdict qui vaut reconnaissance par la hiérarchie de la conformité d'une personne. Il s'exprime sur le mode : il a répondu à *nos* attentes, il a atteint les objectifs que *nous* lui avons fixés. La récompense du bon élève est aussi une marque d'obéissance démontrée par l'atteinte même de la performance. Donc l'entreprise décide de continuer le jeu, de miser encore plus fort sur ce pion-là. Pour qu'il avance encore, pour son propre bien d'ailleurs, et celui du collectif, bien sûr, puisque conforme il est. Le cadre devrait rester tout autant conforme à mesure qu'il gravira les échelons, et compétent encore plus. Plus l'on monte l'échelle en entreprise, plus l'on confirme sa conformité.

Du côté du salarié, la promotion est un verdict du type : je continue, car au fond j'aime le jeu tant qu'il me réussit. Il peut aussi exprimer un message du type : je n'ai pas le choix, sauf celui de progresser. Une troisième façon de vivre la promotion prend le sens suivant : c'est tout simplement comme ça qu'on fait, car, quand on réussit, on progresse, on monte et on grandit, du moins à l'aune de l'idéologie moderne de la réussite et du progrès. Accepter la promotion signifie donc accepter l'idéologie sous-jacente, et en devenir une référence exemplaire pour les tiers.

Peu de cadres, bien entendu, se posent la question de la promotion de cette façon. Car ils ne voient et ne vivent pas l'entreprise d'abord et avant tout comme un monde politique. Cependant, lorsque les exigences de sacrifice et de performance qu'ils acceptent dans la vie de travail se révèlent incompatibles avec la vie personnelle, avec le dehors, un arbitrage devient nécessaire entre les deux. L'arbitre peut venir de l'extérieur : ce sera un parent, un ami, un coach. Sinon on décide soi-même. Dans ce dernier cas, il faudra assumer et faire face au regard et au jugement de ceux qui soutiennent que l'idéologie de la performance et du progrès est souhaitable, indiscutable.

Jean-Paul réfléchit d'abord par rapport à sa petite fille. Il vit dans la bulle de son noyau familial quand la décision de promotion y fait une intrusion tonitruante. C'est cette dernière qui le porte au refus. Comme si elle aidait à prendre la mesure de l'essentiel et de l'accessoire. Ce n'est que beaucoup plus tard qu'il réfléchira de façon plus politique, qu'il fera le lien avec une idéologie hypocrite qu'au fond il n'a pas voulu cautionner encore une fois. Mais qu'il ira pourtant cautionner ailleurs, dans un autre contexte, dans une autre entreprise qui est vierge pour lui et dont il sera un cadre dirigeant.

Qu'en est-il de Michel, lui qui refuse la promotion pour des raisons un peu différentes de celles de Jean-Paul ?

Michel

« Pourquoi je suis parti… c'est un crève-cœur. D'un côté, on me demande de faire un truc que je peux pas faire, fermer un site, et en même temps je sais bien et depuis longtemps que c'est un truc qu'il faut faire dans une carrière disons normale, enfin c'est ce qu'on nous enseigne ici ou là. Je me suis juste rendu compte du hiatus, que je n'étais pas prêt à faire des trucs qu'il faut faire pour avancer, alors j'ai préféré aller voir ailleurs, voilà tout, je n'aime pas les situations merdiques… C'est comme si j'avais réalisé que je faisais depuis des années des choses que je ne devais pas faire, ça fait un choc… »

Nous

« Pas de regret aujourd'hui ? »

Michel

« Je me dis même que j'ai vraiment bien fait. En fait j'ai détesté que les gens me demandent justement de faire ce que je ne pouvais pas faire, ils ne sont pas censés connaître mes valeurs ou mes convictions mais enfin si un peu quand même. Et je l'ai dit clairement à la fille des RH. Elle en a déduit connement que c'était un renoncement. Je me dis aujourd'hui qu'elle aurait pu analyser le truc autrement… mais non, c'était juste que je dise non… et ça c'est interdit… »

Nous

« L'entreprise n'a pas cherché à vous retenir ? »

Michel

« Pas une seconde !!! Ils ont dû penser que je me grillais, que je n'étais pas courageux, parce que pour fermer un site, hein bien sûr ! pour ça il faut être courageux. »

Le divorce semble consommé. L'on sent poindre de l'amertume dans ses propos. Ce divorce se passe au niveau des valeurs, bien sûr, mais aussi et surtout au niveau de ce qu'il convient de faire pour prouver sa valeur en entreprise. Michel pense que le test auquel on le soumet est idiot et même un peu humiliant. Pourquoi forcer les gens à faire ce qu'ils ne veulent pas ou ne peuvent pas faire ? Il pense qu'un cadre est efficace quand il fait ce qu'il aime faire et dans un contexte qu'il apprécie. Il part donc parce que, après avoir expliqué aux représentants de l'entreprise sa difficulté face à la tâche qu'on lui demande d'exécuter, l'entreprise persiste et analyse son refus comme un acte de lâcheté. La preuve est manifeste que Michel n'est donc pas fait pour la fonction. Ouf ! il était temps que l'entreprise s'en rende compte…

Ce divorce peut aussi être interprété comme une erreur professionnelle. Les représentants de cette entreprise sont obnubilés par une définition étroite et erronée de ce que doit être un cadre performant, et par le fait aussi qu'il doit prouver qu'il est valeureux au fil d'un parcours semé d'obstacles spécifiques et d'épreuves de toutes sortes. Donc ils sont incapables de voir dans le refus de Michel autre chose qu'un signe d'incompétence, de manque de cran et d'esprit de sacrifice. Il n'est pas vraiment à la hauteur du test auquel il a été soumis, un peu comme dans le cas de Jean-Paul. L'entreprise est tellement engoncée dans un modèle quasi idéologique de la valeur et de la performance individuelles qu'elle devient aveugle à d'autres mécanismes possibles de progression. Elle oublie même les performances objectives et la réputation d'excellence que Michel avait acquises par le passé, et ce déjà dans des contextes difficiles de reconstruction d'équipes. L'entreprise pousse littéralement Michel dehors, car il la déçoit terriblement ce jour-là, il trahit même sa confiance.

Michel ne s'en porte d'ailleurs pas plus mal. Comme il le dit, *« travailler dans un tel décalage c'est à devenir schizophrène… et j'ai tant de collègues qui sont schizophrènes ! »*. En même temps, son analyse le pousse paradoxalement à endosser à lui seul toute la responsabilité de ce divorce. Il n'en veut même pas à ses anciens employeurs, à l'exception peut-être de la *« fille des RH »* dont le travail devrait pourtant et précisément la pousser à écarter le voile des hégémonies managériales normales, donc à voir dans les résistances de Michel des moments exceptionnels de création. Michel se dit que c'est en dernier ressort lui qui n'est pas à la maille. Son refus est un aveu non pas d'incompétence professionnelle, mais d'inadaptation sociale.

Au final, quelques mois après leur départ, tant Michel que Jean-Paul ne se portent pas plus mal d'avoir résisté en contestant le bien-fondé de décisions les concernant personnellement, et d'avoir finalement rompu avec leur employeur. Ils ont entre-temps trouvé un nouveau havre, plus compréhensif que le premier, au moins pour un temps, le temps qu'un nouveau dilemme les submerge peut-être. C'est ce que dit Michel : *« Aujourd'hui j'ai ce que je voulais depuis des années, je le prends comme ça, je fais de mon mieux et si mon mieux n'est pas celui de l'entreprise, je repartirai. Il ne faut pas vivre dans le mensonge. »* Jean-Paul, pour sa part, est monté tout en haut. A-t-il acquis à travers son expérience autant de recul que celui que manifeste aujourd'hui Michel ?

CEUX QUI RESTENT

Quelles traces laissent ces épisodes de départ auprès de ceux qui restent, collègues et hiérarchie ? Traduisent-elles un sentiment d'indifférence généralisée – du genre « c'était son choix après tout, à lui d'assumer » – ou de fatalisme – « on lui avait bien dit, il n'avait aucune chance au départ » ? Des départs de gens majeurs comme Jean-Paul et Michel sont-ils compensés et compensables ? Il est intéressant d'écouter certains de ceux qui restent évoquer ces histoires de rebelles qui quittent leur entreprise. Voici quelques propos relevés auprès de collègues plus ou moins proches de Jean-Paul et de Michel.

> « Il y a des gens qu'on oublie et des gens qu'on n'oublie pas. Quand Michel a décidé de démissionner, on avait les boules, car il avait une grosse place ici. On en a voulu à l'entreprise parce qu'on a pensé qu'elle était responsable de son départ. Peut-être tenait-il justement trop de place ? »
>
> « L'entreprise nous a abreuvés de messages sur pourquoi Jean-Paul est parti. Or on sait pourquoi, il n'était pas en phase avec un projet sur lequel voulait le mettre le patron. Ces choses-là arrivent tout le temps en entreprise. »
>
> « Jean-Paul a été poussé dehors, c'est évident. Je pense que son boss, qui est aussi le mien, ne supportait pas son succès… enfin, en même temps il le servait. C'est une affaire personnelle, voilà, c'est un truc entre ego puissants. »
>
> « On est dans la même situation, Michel et moi. Je sais que ce qui arrive à Michel peut m'arriver, ou va m'arriver un jour. C'est même bizarre… parce que ça rassure. Quand on est confronté à ce genre de décision, c'est qu'on compte pour l'entreprise. »
>
> « C'est du sérieux quand des gens comme ça se tirent, ça fait des trous difficiles à combler. D'ailleurs souvent ça ne se comble pas. »

Globalement, on peut résumer les sentiments de ceux qui restent par ce qu'un directeur des ressources humaines dit à propos d'un plan de licenciement en cours de mise en œuvre dans une grande banque. « *Dans une boîte, c'est comme dans la vie : il y a des gens que l'on choisit de se rappeler, et d'autres non. Je veux dire qu'il y a des gens qui comptent et d'autres pas.* » Au-delà de sa sécheresse technocratique, ce jugement fait de l'entreprise un lieu relativement banal. On perd un collègue proche comme on perd de vue une connaissance proche. Pourtant, de loin en loin, le départ d'un individu qui fait partie de ceux que l'on se rappellera laisse des traces. Les autres disparaissent silencieusement dans un oubli rapide. Banal ne signifie pas sans importance. Si l'événement proprement dit peut passer inaperçu, il est souvent susceptible de laisser des marques parce qu'il résulte d'une décision délibérée. D'une certaine façon, les démissions sont plus marquantes que les licenciements. Elles restent en mémoire, elles interpellent, elles surprennent, elles sortent davantage de l'ordinaire.

Les marques ou empreintes sont de trois natures différentes : de l'espoir, de la jalousie, de la déception.

En premier lieu, le départ laisse de l'espoir à ceux qui restent. Il prouve que certains peuvent trouver les clés de la cage de fer et n'hésitent pas à s'en échapper de façon volontariste. Le destin n'est jamais totalement ficelé puisque des personnes parmi les plus respectées ou performantes partent sans même dire au revoir.

L'espoir est perceptible à travers les propos que tient un cadre commercial. Pour cet homme de 41 ans, qui est directeur dans une entreprise de construction, « *ce qui me frappe quand un collègue démissionne, c'est qu'il dit un truc du genre : on se quitte et c'est moi qui décide. Donc cela montre que ce n'est pas toujours l'entreprise qui décide quelque chose de cet ordre* ». Le pouvoir est alors comme inversé. Le jeu est contrôlé par celui qui quitte l'entreprise, et non pas par le management. C'est cette possibilité de suspendre l'hégémonie pour un temps qui donne espoir à ceux qui restent, à ceux qui n'ont pas encore osé partir ou qui n'ont pas eu l'occasion de le faire. Et qui vont peut-être commencer à se poser la question de leur propre courage. Ce sentiment ne va certes pas toujours et nécessairement jusqu'à chercher à savoir ce que les contestataires disparus sont devenus, c'est-à-dire s'ils ont bien fait de partir. Non, c'est leur geste qui compte et qui fait réfléchir ceux qu'ils quittent.

Le départ provoque parfois de la jalousie parmi ceux qui restent. Sur le mode du *je-ne-sais-pas-si-je-serais-capable-moi-même-de-le-faire*, ces actes de résistance suscitent des introspections que certains n'auraient pas nécessairement souhaitées, mais que les circonstances du moment imposent malgré eux. Ainsi, pour un collègue proche de Michel : *« Michel nous a envoyé une baffe à tous. Je ne sais pas s'il nous a rendu un service… mais en tout cas je passe mon temps quand j'y pense à l'envier, il a eu les couilles de refuser un truc. En même temps, cela a peut-être été facile pour lui, car il avait ses raisons. »* Ce jugement reste ambigu. Michel et moi sommes trop différents, donc il est inutile de trop se comparer, et pourtant… le ferais-je moi-même ? Au moins, le départ conduit d'autres à s'interroger, et pourquoi pas, à franchir un jour le pas.

C'est dans ce réseau de communications et d'échanges invisibles que s'instaure un début de résistance collective. De quoi s'agit-il ? Non seulement de la possibilité que ces actes individuels finissent par se propager, mais aussi qu'ils fournissent plus de sens à ne pas ou ne plus être en entreprise qu'à être en entreprise. Qu'ils donnent des exemples à des centaines d'individus aujourd'hui sans conscience collective, car isolés dans les divers fragments éparpillés des organisations et submergés de travail et de responsabilités, c'est-à-dire indisponibles pour la réflexion politique. Sans parler des prises de conscience potentielles liées aussi, en partie, à des tragédies – comme par exemple les suicides de plusieurs cadres et techniciens travaillant en France au technocentre du constructeur automobile Renault, la cathédrale ou la ruche comme l'appellent les 12 000 ingénieurs, cadres et sous-traitants qui y travaillent.[1] La question est alors : et s'ils étaient partis avant, se seraient-ils suicidés ? Leur vie en aurait-elle été changée, ou leur mort ?

Enfin, ceux qui restent éprouvent aussi de la déception. Certains sont déçus par le départ du collègue, soit parce qu'un lien affectif s'est simplement rompu et qu'on en veut à celui qui part, soit parce que l'entreprise peut devenir plus dure, plus méfiante suite à ce départ. L'acte de résistance ne rend pas forcément l'entreprise plus bienveillante, bien au contraire. *« Je n'ai pas peur de le dire, Jean-Paul nous a mis dans la merde. On avait une façon sympathique de bosser. Or, du jour au lendemain, il s'en va… et nous, on paie les pots cassés parce que les chefs sont vexés. »*

Le problème dans ce dernier cas de figure est que les rebelles ont changé les données d'une situation sans en référer au préalable à d'autres acteurs de cette situation. En effet, ils se sentaient confrontés à un problème de nature personnelle. Ils ont donc pris une liberté en s'affranchissant de la solidarité avec leurs collègues, comportement qu'adoptent peu ou prou

1. Faure S., « Suicides chez Renault. Travail, fierté, culpabilité », *Libération*, 20 mars 2007.

tous les rebelles, mais sans expliquer les bienfaits ou plus simplement sans anticiper les conséquences éventuelles que leur initiative individuelle entraînerait pour leur milieu de travail immédiat. Peut-être en étaient-ils d'ailleurs incapables.

C'est aussi une histoire qui se passe dans un tête-à-tête entre l'entreprise et le rebelle, donc une affaire qui ne concerne pas les autres cadres au moment où elle se joue. Surprenants ou pas, les départs s'enclenchent par une agression : un coup de fil le soir dans la quiétude de la famille, une lettre de démission irréversible, des personnes qui s'opposent et se mentent car elles sont dans un jeu, dans un terrain de jeu impitoyable, c'est-à-dire où les décisions deviennent rapidement irréversibles. En même temps, un consensus existe bel et bien entre ces adversaires. Car tout le monde sait de quoi on parle, et en parle dans des termes proches. Ce langage commun permet au demeurant de clore l'affaire entre gens qui, au fond, se ressemblent même s'ils n'abordent pas la situation de façon identique en l'occurrence. Tout se passe comme si ces situations permettaient de construire un désaccord. Ce qui frappe dans les faits de résistance individuelle, c'est que, d'une certaine manière, les protagonistes directs sont plus proches les uns des autres que ceux qui sont autour. Un lien se brise ici qui se renforce ailleurs pour aboutir à trouver une solution, un accord, même si cela passe par un départ. Le départ est permis par le consensus. Le retour vers ce consensus est indissociable de l'agression initiale. On attaque, on casse une routine et, en retour, l'agressé casse une autre routine : il désobéit, puis il s'en va sur-le-champ.

En retour, les entreprises ont chacune leur façon de réagir. Elles décident, par exemple, de sanctionner les contestataires. Ainsi tel grand distributeur ferme carrément le magasin si des cadres et assimilés vont trop loin à ses yeux dans l'expression de doutes sur son management. Une autre façon de procéder est qu'elles acceptent sans broncher le départ de gens comme Jean-Paul, et qu'elles nomment un autre Jean-Paul à leur place, copie conforme de l'original. Faut-il s'étonner lorsque ce clone échoue quelques années plus tard ? À cela de multiples raisons : la précipitation dans laquelle le remplacement a été effectué, le fait que la copie n'est pas préparée, la découverte tardive que va faire le nouveau venu du défi auquel le management le soumet, la difficulté qu'il éprouve à vraiment comprendre que l'enjeu est de réussir non pas tant pour soi mais bien plus pour montrer que le départ de l'original, Jean-Paul, est sans réelles conséquences. Une troisième manière de réagir est que l'entreprise décide de modifier certaines pratiques. Agro cherche ainsi, une fois Marc parti, à élaborer de nouveaux outils et processus de choix d'investissement dans les projets de R & D. Bank revient en arrière sur sa volonté affichée de « casser » l'autonomie locale des agences, en mesurant la force économique de cette dernière. Brick, pour sa part, rattache son *business* directement au siège mondial et sanctuarisera son budget d'investissement hors d'atteinte des responsables Asie auxquels Bruno reporte par ailleurs.

Ce qui différencie ces trois types de réactions, c'est bien sûr l'interprétation que les représentants des entreprises font de ces résistances. Cette interprétation oscille entre le soupçon d'égoïsme et la désobéissance pure, celle des « têtes brûlées », cela même lorsqu'*in fine* la rébellion débouche sur des actes de coopération, comme dans le cas de Bank. Malgré cette issue de rébellion négociée, et dont tant les contestataires que la direction sortent la tête haute, le siège continue à voir dans ces actes autre chose que des actes favorisant le bien commun. Ainsi le président avouera plus tard que *« malgré tout, on sait bien qu'Antonin est une tête brûlée, il prend toujours des positions perso, ça a pu servir sa carrière jusque-là »*. Rappelons que, dans ce cas d'espèce, Antonin sera nommé à la direction générale de Bank peu après la fusion. Il n'est pas sûr que l'ancien président, parti en retraite au même moment, ait vraiment plaidé sa cause.

Mais cela n'explique pas tout. Les différences de réaction sont aussi fonction de la souplesse plus moins grande dont fait preuve le régime que mettent en place des technocrates du management moderne dans de nombreuses entreprises. Les hégémonies les mieux établies permettent à leurs dirigeants de se montrer souples par ailleurs. Plus le bâton de l'autorité est gros, plus ceux qui l'exercent peuvent parler de façon douce et aimable, humaine dirait-on.

Dit autrement, l'entreprise qui s'assouplit pour écouter la résistance finit paradoxalement par se renforcer. Celle qui ne le fait pas s'affaiblit à terme. C'est en permettant à Jean-Paul de ne pas prendre le poste en Écosse, en cherchant à en comprendre les raisons, voire en trouvant une solution alternative avec lui que l'entreprise aurait pu profiter d'un moment exceptionnel de créativité et d'engagement. Elle ne l'a pas fait. Elle a même tout fait, par son refus absolu d'écoute, pour ne rien apprendre. Jean-Paul le rappelle : *« Je me dis que c'est dommage, surtout pour la boîte et pour ceux qui se sont cassé les dents derrière. Parce que tout a été fait dans la précipitation. Parce qu'il fallait absolument démontrer que tout ça n'était finalement qu'une péripétie anodine, un accident, regrettable certes mais mineur. »*

Tant que les entreprises vivent ou font semblant de vivre les contestations comme de simples péripéties momentanées et anodines, sortes de brèves parenthèses à oublier au plus vite, elles ne sont en mesure ni d'assumer leur fonction sociale, ni de trouver les solutions aux dilemmes quotidiens des managers, ni d'aider ceux qui restent à comprendre pourquoi ils restent.

CEUX QUI MONTENT

Les histoires d'Antonin et de Marc partagent comme point commun le fait que les leaders de la contestation ont connu une brillante promotion suite à leur acte de rébellion. L'un est devenu le directeur général de Bank, l'autre le patron d'un important centre de recherches dans Agro.

Il en va de même pour Bruno. L'épilogue de son geste de contestation se passe un mois plus tard. Sa hiérarchie le convoque alors pour lui annoncer sur un ton sec que ses crédits sont débloqués sur ordre du PDG. Incrédule, Bruno va mettre quelques semaines à se sentir rassuré, à être certain qu'un piège ne lui est pas tendu par ses chefs locaux en guise de revanche, et accessoirement à se déculpabiliser. *« Je n'arrive pas encore à vraiment comprendre ce qui m'avait pris le soir du cocktail. »* Le *business* de Bruno est devenu aujourd'hui une référence en Asie, avec ses nombreux magasins, les marges financières hors du commun qu'il dégage, et une part de marché dominante. Pourtant il y a encore de l'émotion dans sa voix lorsqu'il en parle quelques années plus tard. *« J'ai eu de la chance qu'on ne me coupe pas la tête. »*

Toute la question est de savoir quel destin Antonin ou Marc auraient connu s'ils n'avaient pas fomenté une contestation interne réussie. Où en seraient-ils aujourd'hui s'ils n'avaient pas endossé le dossard des vainqueurs ? Or l'entreprise aime les vainqueurs et stigmatise les perdants. De telles questions ne suscitent par définition aucune réponse.

Un constat demeure néanmoins. Antonin, Bruno et Marc sont des cadres compétents et reconnus là où ils se trouvent dorénavant. D'une certaine manière, ils ont complété et accéléré leur parcours par un défi qu'ils ont lancé à l'entreprise en lui disant : *« Nous sommes en mesure de mieux faire. Nous allons démontrer que nous pouvons trouver de meilleures solutions. »* De ce point de vue, l'action contestataire n'est pas dirigée contre l'entreprise et ses dirigeants. Au contraire, elle se présente comme un acte de sauvegarde collective. Elle est dirigée contre une cible précise.

Par exemple, dans les rébellions au sein de Bank et d'Agro, la cible est, pour aller vite, représentée et symbolisée par les professionnels du marketing. Marc et Antonin font la démonstration qu'ils sont capables de faire un bon diagnostic d'une situation de tension. Ils savent aussi entraîner un groupe de personnes compétentes pour lancer un débat d'experts sur des sujets rarement décentralisés : l'arrêt d'un projet clé, la sanction de deux directeurs d'agence. La contestation construit un nouveau script. Elle retraduit les décisions managériales initiales sans les attaquer de front. Il s'agit de réviser les critères de réussite d'un projet, et non pas d'abroger l'exclusion par le comité de direction d'un chef de projet jugé trop lent. Il s'agit de définir correctement la vision de la performance comparée des agences en zones de chalandises différentes, et non pas de punir deux directeurs d'agence jugés sous-performants par le siège. Ce faisant, la contestation refroidit l'enjeu tout en le rendant plus politique, plus général. La mobilisation déplace l'enjeu sur le terrain de la stratégie.

Il s'opère alors une remarquable inversion des rôles. Elle explique à la fois le succès de la contestation et pourquoi l'entreprise remet le grappin sur ses leaders. Comme le dit Antonin : *« Ma nomination, c'est l'aboutissement d'un lent processus. Je veux dire que le coup des directeurs d'agence n'a pas été selon moi autre chose qu'un élément déclencheur d'une décision qui aurait été prise de toute façon… ça a accéléré les choses, je pense. »* Or l'ancien directeur général, prédécesseur d'Antonin, dit pour sa part et en gros le contraire : *« Antonin était un bon, c'est sûr… Mais là, il avait frappé un grand coup. Pas mal de gens chez LC [la banque avec laquelle Bank va fusionner] ont été impressionnés par cette histoire. Je ne sais pas comment elle a été racontée, romancée, mais Antonin a été porté par cette histoire. »*

Si les avis divergent et que l'écheveau reste difficile à démêler, on perçoit néanmoins quelques lignes forces. Pourquoi certains montent-ils et d'autres partent-ils ?

En premier lieu, les raisons d'agir comme rebelles sont différentes. Jean-Paul et Michel gèrent un rapport moral et intime avec la mise à l'épreuve dont ils sont l'objet. Ils sont les cibles désignées. Or tel n'est pas le cas pour ceux qui restent et montent. Bruno n'est pas une cible. Antonin et Marc assistent en spectateurs à l'agression portée sur un autre avant de se mettre à réagir contre elle. Ils ne sont pas la cible. Antonin est vu comme un directeur d'agence performant. Il est dans la ligne, il sert d'exemple. Il est donc quelqu'un qui ne peut pas être accusé de motif opportuniste lorsqu'il se rebelle et prend la tête du mouvement. Marc, pour sa part, est loin de se réjouir de la décision du comité des projets parce qu'il se dit que peut-être cela le concernera un jour. Il y va de son intérêt personnel, de la crainte et de la perception d'une menace. Un diagnostic serré de la situation pousse ces deux individus à contester. Leur participation au mouvement procède d'une analyse froide et rationnelle. Mais cette contestation est presque plus le signe d'une volonté de gouverner pour un moment qu'elle ne traduit un appétit de transformer. Résister c'est gouverner, c'est montrer que l'on est capable de comprendre, et même de mieux comprendre certains enjeux que les gouvernants eux-mêmes. L'épreuve n'est pas la leur, c'est celle de Jean et des autres directeurs d'agence. Eux sont ciblés, ils ne disent rien, obtempèrent ou souffrent. Marc et Antonin sont forts. Quelque part, ils ne prennent pas un gros risque personnel. Au moins, ils auront voulu faire quelque chose de bien pour l'entreprise. C'est du moins le message qu'envoie aux autres, notamment à la direction, leur entrée en scène de contestation.

En deuxième lieu, les objets de l'agression initiale sont différents. La contestation de Jean-Paul et de Michel porte sur l'objet même du gouvernement de l'entreprise : le choix des cadres, des promus, des élus. Leur refus est une critique directe du « régime » et de ses représentants. Un acte de refus qui pourrait être anodin prend d'emblée une texture politique. Rien de tel chez Antonin, Bruno ou Marc. Ils ne contestent pas les chefs centraux, mais à la rigueur leurs experts, ceux qui sont chargés de formuler des recommandations ou, comme Bruno, leur encadrant local. Ils tapent sur la bureaucratie, pas sur les oligarques. Le ciblage est fin, quasi chirurgical. Il s'agit surtout de ne pas se tromper de cible, le missile pouvant faire des dégâts collatéraux sur des gens qui comptent. Cependant la stratégie est bien claire. La cible est le représentant de ce monde honni des gens opérationnels de terrain : le marketing bancaire ou, comme pour Bruno, les financiers et autres contrôleurs de gestion. Ses représentants non seulement ne connaissent pas le vrai boulot, mais en plus s'érigent en ennemis par une agression volontaire grossière et infantile, donc impardonnable, ou bien par un refus de prendre des risques calculés en modulant leurs critères habituels d'allocation d'investissements.

L'idée est donc que l'entreprise, par conséquent sa haute direction, se doit presque de remercier les résistants comme Marc, Bruno et Antonin pour avoir montré l'erreur qu'elle, *via* ses représentants et affidés du siège, s'apprêtait à commettre. La contestation est un service gratuit et non rémunéré que la communauté des gens de terrain qui travaillent dans les soutes des agences et des laboratoires offre à ses gouvernants. Ce sont en quelque sorte des bienfaiteurs, des *do-gooders.*

Cette interprétation des rébellions, pour amusante qu'elle soit, peut paraître quelque peu dérangeante sinon démagogique. L'est-elle vraiment tout à fait ? En partie, oui, mais on la constate après coup. En partie non, si on regarde la contestation en mouvement. Car rien ne laissait augurer au départ que les choses arriveraient à leur terme. Sauf à faire preuve de mauvaise foi, donc à nier les risques pris par les rebelles, la partie était engagée dans un univers peu favorable aux contestataires, à ceux qui transgressaient les façons d'être attendues par le management. Leur action de rejet comprenait certes une partie tactique. Il leur a fallu improviser, affronter l'incertitude des événements et le caractère non prévisible des réactions des parties prenantes. Le sens d'une mission collective à accomplir, d'un don de soi à faire au collectif entretenait la légitimité d'une transgression vécue en termes de conflit émotionnel et moral. Marc, par exemple, avait conscience de ses atouts au départ.

> « Je n'étais pas persuadé que je prenais un gros risque, j'avais une réputation de grande gueule déjà à l'époque. Et j'étais dans une phase plutôt pas mal dans mon travail, c'est-à-dire aussi que, peut-être, je commençais à tourner en rond, et cette missive a changé le quotidien. Il fallait faire quelque chose pour changer les choses. Quand je dis changer les choses, je dis aussi que moi je commençais à en avoir marre du boulot. »

C'est dit : son entrée en résistance change son monde, donc elle lui apporte un peu de lumière. Marc est en réussite, certes. En même temps cela lui paraît devenir trop simple. Il faut faire changer les choses. Pourquoi ne pas *« rentrer dans le lard »*, comme il le dit lui-même ?

Pour Antonin, le contexte est un peu différent. Son raisonnement est beaucoup plus corporatiste. Il est un commercial dans l'âme. Il aime les marchés, le terrain, les rendez-vous clients dans la campagne et dans des usines perdues dans la montagne jurassienne. Il déteste ceux qu'il appelle les *« gens du siège »*. Donc la note venue du marketing central résonne comme une provocation, qu'il prend presque comme une insulte personnelle. Il estime qu'il doit donc exercer son droit de parole. *« Ce blanc-bec en chemise, comme on l'appelait, portait une attaque contre le groupe. Bien sûr qu'il y en a des meilleurs que d'autres, des chefs d'agence, mais ce n'est pas à lui de le dire, lui qui n'a jamais vu un client autrement que sur un diagramme ! »* Une haine de l'expert qui ne sait pas, un statut immérité. Encore une injustice en valeur, mine de rien.

Le problème est que, au fur et à mesure du processus, des questions émergent pour ces leaders de contestation. Que faire si cela marche ? Que penser de cette entreprise si elle admet sa bêtise ? La question que Marc et Antonin, tout comme Bruno d'ailleurs, se posent est presque à l'inverse de celle de Jean-Paul et Michel qui ressentent pour leur part très vite que l'entreprise ne reconnaîtra jamais qu'elle s'est trompée. Il faut donc donner du sens à la démarche de contestation, y compris pour, éventuellement par la suite, en tirer parti. Marc en rend ainsi compte.

> « Je ne sais pas si voir que le comité de projets se plantait était rassurant, marrant ou inquiétant. Se dire que ces mecs prenaient des décisions sur du n'importe quoi était insupportable. Il fallait aller vite, aller vite parce que la *business unit* doit ramener du cash et tout ça, ce n'est pas notre monde, cela ? Donc ça m'a fait quand même sacrément réfléchir… du genre : qu'est-ce que je fous là ? ».

Marc le constatera bien vite lorsque, quelques mois plus tard, il se verra proposer une promotion. Et lui ne la refusera pas.

Ces figures de cadres se ressemblent : performants, bien éduqués, au fait des règles du système, âgés entre 30 et 45 ans, ils contestent une décision de leur hiérarchie. Les uns s'en vont pour encore mieux rebondir ailleurs. Les autres restent pour monter les échelons. Vont-ils renforcer par ce mouvement ascendant l'hégémonie managériale qu'ils ont égratignée pour un instant ? Ou bien vont-ils se souvenir de leur propre contestation le jour où d'autres, placés sous leurs ordres, entreront en contestation à leur tour ?

CEUX QUI CHANGENT

La contestation peut être créative. Pour les rebelles à titre personnel, mais aussi pour l'entreprise. Nous mettrons ici l'accent surtout sur les effets créatifs pour les vies et les devenirs des rebelles. L'examen des impacts créatifs pour les entreprises exposées à des rébellions sera approfondi au fil du prochain chapitre.

Les histoires de résistance collective portées par Antonin et Marc suggèrent que l'entreprise peut devenir un terrain pour la mobilisation démocratique. Des forums internes se créent, inventant des modes de dialogue et associant, agglomérant des individus partageant un métier, une culture, une expertise, cherchant à la défendre ou à la promouvoir. Une identité prend la parole. Reste à savoir comment et si l'entreprise peut tolérer que surgissent des mobilisations qui vont au-delà de ces groupes fondés sur le partage de valeurs et de connaissances (menacées), que de nouveaux liens sociaux sortent de l'association improbable de professionnels du marketing au combat mené par Marc et ses amis, ou que des déclics individuels soient provoqués par ces mobilisations temporaires, y compris chez les plus improbables participants : les marketeurs. C'est pourtant bien ce qui est arrivé à Louis. Et il n'est pas le seul à avoir vécu cette expérience.

On entend souvent parler de ces cadres qui décident d'oublier leur carrière et se lancent dans la vigne, la restauration de vieilles demeures, les gîtes de luxe ou l'enseignement. La télévision et les journaux regorgent parfois, selon la saison, de ces histoires qui rassurent tellement sur la liberté individuelle. Il est beaucoup moins dit que ces ruptures, ces révoltes, sont parfois provoquées par autre chose qu'une prise de conscience spontanée ou un ras-le-bol libertaire. Parfois, elles découlent directement de l'acte de résistance d'un autre. Là réside l'intérêt de l'histoire de Louis.

Louis est cadre au service marketing de Bank au moment de l'affaire des agences. Il a été bouleversé par l'opération de contestation menée par Antonin et ses copains. Il a 32 ans au moment de cette histoire. Il a été formé par une école de commerce. « *J'ai fait cette formation un peu pour mes parents. Je ne savais pas trop quoi faire. Le management c'est toucher à tout, donc ça ne ferme pas de portes. J'avais de bonnes notes, je me suis donc dit : allez hop ! sans trop me poser de questions.* »

Les entreprises regorgent de cadres qui le sont devenus faute d'avoir trouvé une vocation. Et qui trouvent parfois un substitut de vocation dans le culte de la performance. Les employeurs le savent bien, qui investissent des sommes faramineuses en conférences et séminaires pour entretenir l'idée qu'une réelle vocation au management existe et se développe, bien sûr pour le bien de l'entreprise et pour celui de la société tout entière par la même occasion. Pourtant les scepticismes survivent et se transforment parfois en révoltes avec l'aide d'un événement déclencheur. C'est ce qui arrive à Louis qui est en quelque sorte un témoin actif de la contestation chez Bank.

> « Je bossais au département marketing depuis deux ans en gros. Je ne me posais pas trop de questions. On avait lancé un projet sur la rentabilité des agences et je m'en étais occupé. J'ai donné des éléments plusieurs fois à mon patron, qui a présenté ses conclusions plusieurs fois en comité de direction. Je pense que c'est là que ça a commencé, quand on a mis le doigt sur le problème de l'agence qui a tant choqué Antonin. Quand j'ai appris ce qui se passait autour de ça, je me suis vraiment demandé où était la vérité. Quand tu ne sais plus où est la vérité dans ce job, il vaut mieux se casser, ça devient intenable. »

Louis serait donc l'un des auteurs invisibles de la fameuse note. D'où vient son désir de s'enfuir, car Louis parle de fuite, de « *se casser* » ? Quand il découvre qu'il n'a pas envie de défendre un projet sur lequel il travaille depuis plus d'un an. Ce projet « *au fond ne m'intéresse pas* ». De plus, en face de lui s'agitent des managers surmotivés qui investissent un territoire de discussion qui manifestement est le leur et qu'ils maîtrisent parfaitement. Par ailleurs, ces mêmes personnes défendent un métier qu'elles semblent aimer. « *J'ai un peu vu le truc du genre les mecs cravatés qui débarquent et disent aux gars des agences du terrain voilà comment on fait à partir de maintenant. Ça ne tenait pas dans ma tête, donc je me suis tiré, j'ai démissionné sans trop d'explications… de toutes les façons, on ne m'en a pas demandé…* »

Louis travaille alors un moment comme consultant indépendant *via* des réseaux de connaissances. Il se paie aussi une formation, un master en affaires internationales dans une université lyonnaise. Après coup il engage une thèse de doctorat. Il deviendra enseignant associé à une université quelques années plus tard. Depuis il a totalement abandonné toute idée de revenir en entreprise. « *Ce n'est pas que j'ai réalisé un rêve. Je n'en avais pas vraiment. Mais je remercie les gars qui se sont bougés, car ils m'ont poussé dehors, et m'ont fait comprendre que je perdais mon temps. Maintenant au moins, je fais des trucs plaisants, j'ai du temps…* »

À l'exemple du déclic dont Louis se réjouit une fois parti de Bank, toutes sortes de déclics se produisent chaque jour qui poussent des cadres méritants et intéressants à partir vers des aventures en dehors de la prison et du terrain de jeu qu'est l'entreprise. À chacun sa route, à chacun son chemin. Parfois différents, manifestement, de ceux tracés par les évidences managériales : comme enseignant ; dans un organisme humanitaire ; pour lancer une activité de profession libérale. Comme si le conseil, l'éducation ou l'aide aux défavorisés, aussi exigeants que soient leurs quotidiens respectifs – la froideur du marché, la pression de la classe, la désespérance de la misère quotidienne – offraient des arènes plus compatibles avec une vision de soi, de son travail et du rapport à la société dont on est porteur.

En résumé, les mouvements de rébellion ne sont pas des parenthèses qu'on oublie le lendemain, des événements sans conséquence, des moments sans retombées durables, sortes de soupapes de sécurité qu'il serait bon de déclencher de temps à autre pour purger l'agressivité des personnes et qui permettent de défouler la pression du quotidien. Ils marquent de leur empreinte, souvent de façon durable. Ils constituent des moments de rupture, immédiate ou diffuse. Ils surgissent quand on ne s'y attend pas. Ils se diffusent d'une manière souterraine ou diluée dans le temps. Le fleuve dans lequel l'entreprise et les personnes baignent en aval de la contestation n'est plus le même que celui qui coulait en amont. L'après ne ressemble plus guère à l'avant, même si en surface et en apparence rien ne semble vraiment avoir changé.

Chapitre 6

La rébellion créatrice

La dynamique engendrée par une rébellion pousse une entreprise à réagir, bien ou mal, et donc à imaginer une solution. Elle lui permet même d'inventer de nouvelles façons de travailler que le management lui-même n'a ni pu ni voulu mettre en œuvre. Le changement peut fort bien provenir plutôt de contestations des règles dominantes du travail et des décisions qui s'ensuivent que des impératifs managériaux ou des modes successives que les consultants passent leur temps d'abord à construire, puis à vendre aussi vite que possible avant qu'une autre ne pointe le nez.

Le coût psychologique de la rébellion n'est pas négligeable. Un climat d'affrontement et de conflictualité se développe entre les parties prenantes. Les malentendus et les soupçons sont constants. Les soutiens sont fragiles. Les mises en cause des personnes font partie du jeu. Les issues sont parfois chaotiques et douloureuses. Ces expériences sont parsemées de refus, de critiques, d'exclusions mutuelles, d'anathèmes. Bref, rien de tout cela ne semble vraiment très constructif ni propice à la coopération ludique qui est habituellement associée à l'idée de création.

Pourtant la rébellion et son travail de contestation laissent en même temps d'autres types de traces, des marques qui nourrissent des dynamiques de changement. Certes la douleur a sa part dans leur enfantement. Cependant émergent aussi des moments d'exaltation. Par ailleurs, si certains changements sont volontaristes et pensés dès le départ, la plupart ne sont pas consciemment produits. Si le rebelle part en lutte contre et refuse, le même sort de ce combat en ayant contribué à changer quelque chose.

La contestation est source de création. Les contestataires sont des créateurs presque malgré eux. Ce chapitre est consacré à définir ce que création veut dire et à montrer la nature des créations.

LES REGISTRES DE CRÉATION

De la créativité est à l'œuvre qui débouche sur des changements. Recenser ces derniers, classer leurs effets et impacts de façon un peu plus systématique aboutit à un constat massif. Le registre de la création liée à la contestation est très étendu et fort riche. Il se déploie sur de multiples niveaux ou registres. Plus précisément, les histoires racontées ici et, plus largement, celles observées par ailleurs, font apparaître trois niveaux ou registres où la création concerne les individus, les groupes et l'organisation.

En premier lieu, les itinéraires de vie des personnes impliquées ou touchées de près ou de loin par les actes de contestation sont affectés de façon significative.

Ce registre, qui est aussi la partie la plus apparente de l'iceberg de la création, se manifeste par le fait que des vies se redéfinissent et sont transformées. Elles le sont sous l'effet de prises de conscience qu'un champ différent d'opportunités existe et peut être ouvert. Ces prises de conscience sont certes assez subites, comme si du jour au lendemain et avec précipitation un choix conséquent de carrière ou de valeurs avait été fait. Pourtant elles s'enracinent toujours dans des systèmes de croyances solides, établis de longue date, qui sont souvent hérités d'un parcours et d'une éducation. Tout se passe comme si émergeait à nouveau un déterminisme objectif et subjectif de la résistance.

Par exemple, Jean-Paul a de fortes convictions sur son libre arbitre qu'il lui est d'autant plus facile d'exercer que son milieu familial le porte par ailleurs. Michel pense à la figure de son père dont il ne veut pas trahir l'héritage moral. Des souvenirs de personnages dont les mots resurgissent chez les contestataires aident ces derniers à comprendre ce qui se passe à un moment crucial en eux-mêmes et autour d'eux.

Ces prises de conscience s'enchaînent à d'autres, moins saillantes. Car ces rebelles contestataires font partie d'une communauté d'interprétation. Ils participent à des séminaires communs avec des collègues. Ils entendent les mêmes discours sur le pouvoir et le management, discours dont ils constituent ensemble, sans toutefois toujours bien se connaître individuellement, la cible principale.

Les réveils occasionnés par ces résistances sont parfois lents et parfois rapides. Ils sont aussi souvent radicaux. Je change de métier, je change de vie, je change d'avis. Un sentiment d'urgence morale et temporelle saisit le contestataire. Si je fais quelque chose, ce sera maintenant ou jamais. Ma liberté est réelle, ma responsabilité est entière, j'assume les deux.

En deuxième lieu, les modes de fonctionnement organisationnel, les répertoires d'action et les critères de décision mobilisés pour agir sont amendés, le registre des solutions étant renouvelé.

Ces impacts créatifs concernent le management de l'entreprise. L'organisation voit son enceinte changer, son instrumentation évoluer, ses modes de décision se transformer, ses offres aux consommateurs évoluer, ses positionnements sur des marchés se modifier. Les cas des entreprises Agro, Brick ou encore Bank en fournissent de parlantes illustrations. Des solutions managériales y sont inventées à partir d'un mouvement de contestation. La direction générale, à contrecœur peut-être et pourtant bien consciente de ce qu'elle fait, va chercher à en comprendre le message et à l'instrumenter pour en tirer avantage. Elle identifie son porteur ou ses leaders. Elle les pousse à aller plus loin comme pour mieux ensuite les absorber, notamment par le biais de promotions brillantes. Ces dernières envoient un message qui est congruent avec le discours hégémonique dominant. Vous voyez bien que nous sommes cohérents puisque, quand des contestations sont productives, intéressantes et constructives, nous les récompensons. La figure de la résistance disparaît alors dans les enchantements entrepreneuriaux de l'*empowerment*, de l'extension de la sphère de compétence et de pouvoir. Et l'organisation, tout en améliorant une pratique – dans le cas de Bank l'évaluation de la performance commerciale en agence, dans le cas d'Agro la décision de poursuite d'un projet de R & D en phase avancée, et dans celui de Bruno l'allocation des investissements –, confirme la portée de son message politique à ceux qui sont ambitieux.

D'une certaine façon, les activistes ordinaires eux aussi se servent de ce discours à leur profit. Le management de mon entreprise veut que nous les cadres soyons autonomes, que nous nous montrions entrepreneuriaux, que nous nous sentions gestionnaires de notre avenir. Fort bien, chiche, prenons le management au mot. Dans ce cas, nous contestons ce qui vient d'être décidé ou fait par ses représentants, et nous en donnons les raisons. En dénonçant la lenteur des investissements comme le fait Bruno, en refusant les critères d'évaluation des agences comme le fait Antonin ou en réfutant le mode de suivi des projets de R & D comme le fait Marc, nous sommes entrepreneuriaux. Nous jouons au jeu qui nous est imposé. Donc nous ne sommes pas des opposants stériles. Ce n'est pas notre fait ni notre faute si le management est pris en défaut. Et si nous le faisons, c'est pour le bien de l'organisation, pour l'*affectio societatis.*

Voilà donc un pacte social qui, dans Agro, Bank ou encore Brick, se reconstitue sur un nouvel équilibre, dans lequel le pouvoir managérial n'est pas fragilisé. Il est simplement devenu polycentrique dans la mesure où il est susceptible de s'appuyer sur des individus et des groupes inattendus, les cadres du milieu ou même du quotidien. Le pouvoir managérial se nourrit de ces surprises si tant est qu'il soit préparé à la surprise. S'il fait ce qu'il dit être et vouloir : se montrer véloce, attentif, réactif. Ni plus, ni moins. Plus de résistance donc ? Le collectif de ces cliques de professionnels courroucés disparaîtrait aussi facilement ? Les activistes ordinaires seraient-ils pro-managériaux ? Oui, d'une certaine façon, car les résistants vont aussi obtenir une avancée significative pour eux-mêmes et le groupe qu'ils représentent.

Un troisième étage où de la création est engendrée est de nature proprement politique, renvoyant à des phénomènes de pouvoir et de légitimité.

Cette création est engendrée au fil du travail de contestation. Les rebelles placent aussi leur contestation dans le champ politique, c'est-à-dire dans une confrontation directe qui se situe sur le terrain de la légitimité, notamment celle qui concerne les façons de faire et de bien faire le métier. Ils s'opposent aux façons agréées et mobilisées par le management.

Chez Bank, la proximité du marché concret et du client est l'enjeu. Elle construit la norme centrale qui définit ce qu'est le métier de commercial. Être commercial, c'est d'abord et avant tout connaître son client. Le reste, les effets vertueux en termes de produit net bancaire et de fidélité des clients, suivront mécaniquement. Réduire le métier de commercial à la seule addition de chiffres désincarnés sur la zone de chalandise et sur des segments anonymes de marché, comme le font les gens du marketing, viole la norme d'excellence et établit un déni de compétence. Il est aussi une façon pour le marketing de saper la primauté et l'autonomie des commerçants.

Chez Agro, la confiance faite aux experts de R & D jusque dans des phases avancées – c'est-à-dire lorsque le projet est sur le point de passer dans les mains du marketing – est un signe de reconnaissance ou de défiance lorsque le projet est repris par les « hommes de marché ».

Dans les deux cas, et ces cas ne prétendent pas nécessairement dire tout de ces luttes, il y a une lutte de légitimité à distance entre des cultures professionnelles. Les contestataires prouvent la validité de leurs arguments lorsque le management reconnaît par ailleurs leurs leaders comme des cadres à fort potentiel. Les groupes professionnels se positionnent dans l'espace des statuts et des échelles de prestige selon les sorts réservés aux leaders, à l'exemple de Marc. Le corps social de l'encadrement est mité par une série d'enclaves plus ou moins petites et qui s'érigent en forteresses capables de résister pendant longtemps aux assauts ennemis.

D'ailleurs, les professionnels prouvent d'autant plus la qualité de leur engagement qu'ils n'utilisent jamais des arguments politiques en eux-mêmes. En effet ils sont et veulent rester des experts. Ils savent mieux que ne le sait le management ce qu'il faut savoir sur un sujet donné – le client des agences bancaires dans telle ville, le suivi scientifique et technique du projet agrochimique, ou encore les moteurs de la croissance du marché asiatique. Surtout, et loin de mettre ce savoir dans leur poche si les circonstances ne sont pas mûres pour le mobiliser, ils décident de le poser sur la table et de le mobiliser au service du management, soit celui-là même qui l'enfreint ou l'ignore. Ce dernier n'a pas d'autre choix que de l'utiliser sans perdre la face. Car un refus serait un acte perçu comme tout à fait despotique ou antimanagérial.

Les contestations deviennent ainsi, de fil en aiguille, un moyen de reconstruire un pacte social nouveau et qui semble équilibré, en apparence tout au moins. Des cultures professionnelles rassérénées, des leaders promus, des organisations améliorées pour un temps, tel est l'idéal type de la résistance créative accomplie.

DES PORTEURS DE CRÉATION

Le registre politique tracé ci-dessus met à découvert autre chose. Il existe une façon, complémentaire des registres qui viennent d'être listés, de comprendre et de souligner la nature créative de la contestation. Cette dimension concerne l'entrée en scène et l'émergence de nouveaux acteurs, ceux-ci devenant des vecteurs de changement de l'entreprise lorsque les circonstances s'y prêtent. Plus concrètement, les cultures professionnelles et les façons de construire des frontières autour de certains groupes dans l'entreprise sont modifiées de manière durable, les relations de pouvoir étant remodelées et les sources de pouvoir redistribuées entre les parties prenantes. C'est ainsi que trois nouveaux acteurs sont identifiables au fil des rébellions : le néo-professionnel, le communautariste, le rebondisseur.

Le néo-professionnel

Les néo-professionnels des entreprises sont des salariés très qualifiés et très diplômés qui se montrent très demandeurs de défis, de challenges.

Pour les atteindre, ils s'appuient sur leurs compétences et leurs aptitudes pour modifier des décisions et infléchir des processus de travail. Une illustration quasi parfaite est fournie par les patrons de nouveaux projets de R & D dans Agro, patrons dont Marc fait précisément partie.

Ces néo-professionnels s'engagent dans une bataille de type collégial. La collégialité signifie ainsi que la délibération repose sur la confrontation entre des expertises qui soient reconnues comme légitimes. Cette délibération est d'ailleurs une pratique très vivace autant au sein de la véritable confrérie qui unit les patrons de projets entre eux qu'entre des représentants de cette confrérie et des néo-professions autres comme le marketing. L'intérêt de cette lutte est qu'elle pose en termes nouveaux la compétition – parfois appelée le tournoi dans Agro – en matière de carrière.

Ces joutes ne sont pas anodines ou rhétoriques. Elles décident d'investissements substantiels et de devenirs stratégiques à travers le sort de molécules confiées à la R & D. Mieux encore, le choix des futurs managers d'Agro se fait notamment *via* l'observation vigilante de ces confrontations d'expertise à propos d'une décision managériale. Comme si l'entreprise pouvait parfois organiser la confrontation des expertises entre néo-professions pour inventer des critères légitimes de promotion et de récompense que le critère impersonnel de la performance peine à fournir. Dans le cas présent, la concurrence se déroule entre les leaders en résistance de la confrérie des scientifiques de projet et les « gens du marketing ».

Le communautariste

Un deuxième acteur de la création fait penser à des figures dont on croyait que l'entreprise s'était débarrassée dans les grandes manœuvres des trois dernières décennies : les niches communautaires. Une niche communautaire se définit comme un groupe de salariés que soude le partage de valeurs et de façons identiques de définir et de faire le métier.

C'est le cas chez Brick. Bruno se réfère à des collègues qui, comme lui, gèrent un centre de profit et qui sont des adeptes d'un fondamentalisme gestionnaire – recours exclusif aux critères de valeur économique ajoutée (ou *EVA*), rapport d'agent à principal entre le centre de profit local et le siège, etc. – que ses supérieurs immédiats regardent avec une prudence méfiante, ces derniers privilégiant le contrôle par la subordination hiérarchique et la cooptation par l'ancienneté.

C'est aussi, comme déjà souligné plus haut, le cas chez Bank à travers l'exemple presque canonique des directeurs d'agences et des conseillers commerciaux opérant dans le réseau. Si les premiers sont les supérieurs hiérarchiques des seconds, tous communient dans une même culture qui gomme les galons qui les séparent. Ensemble ils s'engagent dans une lutte de type territorial qui voit s'affronter en un choc titanesque deux conceptions du monde, deux univers de valeurs. Les formes de mutualité, de proximité physique entre commerciaux, mais surtout entre commerciaux et clients, sont au cœur de la délibération. Surtout, ce qui est en jeu, c'est la légitimité de tel ou tel système de valeurs dans la création de performance commerciale. Comment est-on le plus performant ? Est-ce en connaissant intimement son client, comme un notaire ses clients ou, mieux encore, à la manière d'un curé qui confesse ses ouailles pour mieux les servir ? Ou bien est-ce en agissant à partir d'indicateurs plus globaux et standardisés décrivant des segments de marché, et censés indiquer les besoins standardisés des clients-numéros de compte qui y sont affectés ?

Ici encore, l'observation d'une lutte, qui remonte déjà à vingt ou trente ans dans le milieu bancaire, permet au management de saisir quelques moyens de décider. Comme si la stratégie même de l'entreprise – qui oscille entre le développement du commercial de segment ou l'amélioration du commercial de proximité – se faisait et se défaisait parfois dans les luttes visibles ou invisibles entre niches communautaires. Les changements stratégiques incessants qu'opèrent les banques occidentales à cet égard depuis environ vingt ans ne sont pas anodins. On passe de la tirade sur la banque à distance à celle, plus à la mode récemment, du rapport de proximité et du dialogue. Au-delà de la communication publicitaire, ce sont des luttes territoriales innombrables et locales entre niches communautaires qui font osciller en permanence les entreprises bancaires entre ces deux mondes.

Le rebondisseur

La troisième figure du cadre bien doté pour être créatif est celle du détenteur de ressources pour rebondir. Jean-Marc, Michel et Philippe l'illustrent. Chacun est particulièrement apte à mener une rébellion qui deviendra créatrice.

Ici, des individus pourtant relativement isolés dans leur quotidien dans l'entreprise sont capables de juger si et pourquoi une décision prise par d'autres, sinon un événement auquel ils sont confrontés ou dont ils sont les simples témoins est, à leurs yeux, acceptable ou inacceptable. Ils savent et osent se faire par eux-mêmes une opinion tranchée, et la fonder sur un argumentaire articulé dont ils sont entièrement convaincus.

Là, le salarié s'engage dans une lutte cognitive à propos de l'interprétation des règles du jeu en vigueur dans l'entreprise. Le terme de cognition fait ici référence aux modes de raisonnement, aux connaissances et aux façons de faire qui sont disponibles et appropriés pour l'action quotidienne. Dans ce dernier cas de figure, la personne se sent légitime pour juger en valeur de ce que l'entreprise et son management font sur un cas d'espèce, et pour l'exprimer publiquement au management. Qui plus est, les cadres qui relèvent de ce type décident parfois de transformer une réprobation tacite en acte de résistance explicite. Ils constituent autant de poches de contestation en jachère, une coalition invisible d'individus potentiellement en résistance, c'est-à-dire ayant entériné le fait qu'ils sont en droit d'avoir des interprétations différentes et, pourquoi pas, parfois divergentes à propos d'une même situation, d'une même décision, même s'ils savent qu'ils sont, en principe, solidaires de leur entreprise et soumis à leur principal.

Cette observation mérite plus d'attention qu'il n'y paraît de prime abord. En effet elle prend à contre-pied une représentation, certes datée mais encore prégnante, du lien entre le statut de cadre et le rapport de commandement. Héritée du taylorisme et du fordisme, elle assimile le cadre à un supérieur hiérarchique dont les compétences attendues seraient surtout une loyauté totale à sa direction générale et dont les tâches seraient principalement d'assurer le contrôle et la conformité au sein de la juridiction qu'il encadre. Elle prend aussi à revers des pratiques de recrutement et d'évaluation plus contemporaines. Même si l'allégeance totale et silencieuse ne nourrit plus à elle seule le jugement porté par l'entreprise sur ses cadres – d'autres compétences étant mises en avant, comme l'esprit d'initiative et le savoir –, cette allégeance reste présente dans les faits à des degrés plus ou moins implicites dans la pratique courante, avec un bémol par rapport au modèle du passé.

Ce n'est pas que le fait de résister à une décision managériale, y compris celui de refuser une promotion, soit un acte manifeste de déloyauté dans l'esprit du cadre, bien au contraire. Car un glissement cognitif majeur s'est opéré de nos jours. Ce qui reste vu comme déloyal serait de faire comme si cela ne coûtait rien à la personne du cadre de ne pas résister, de ne pas refuser, de continuer à entretenir une sorte de relation hypocrite et fausse entre le cadre et l'entreprise. La loyauté renvoie aux yeux de nombreux cadres au fait de dire ce qui ne va pas, d'expliciter au management supérieur ce qui ne convient pas. La déloyauté commence quand le décalage est trop grand et qu'on se tait à son sujet. Être loyal, donc, c'est prendre l'entreprise à sa propre logique de cohérence. Pour le management, ne pas saisir ce glissement et en condamner les manifestations serait autant d'erreurs, de façons de passer à côté de la mobilisation de ressources. Tolérer le débat sur le fond du *business*, accorder du sérieux aux comportements de type prise de parole, tout cela implique donc du management qu'il fasse montre d'un peu de modestie, que ceux qui occupent un statut dominant ou supérieur acceptent de descendre du confort de leur piédestal et prennent au sérieux la parole des gens du dessous, qui savent être aussi sérieux et dévoués qu'eux.

Défection, loyauté, prise de parole

L'économiste Albert Hirschmann est l'auteur d'une célèbre typologie[1]. Lorsqu'un consommateur n'est plus satisfait d'un produit, il a le choix entre trois options. Il peut sortir ou faire défection : dans ce cas il s'adresse à une autre entreprise. Il peut prendre la parole et faire entendre sa voix : il se plaint et revendique son mécontentement. Il peut rester loyal : dans ce cas, il accepte la baisse de qualité du produit.

Ce modèle économique peut être étendu aux comportements sociaux, organisationnels et politiques. Les faits montrent que les individus et groupes les plus précaires et les plus dominés, c'est-à-dire ceux qui auraient *a priori* le plus de bonnes raisons de se révolter contre une situation malheureuse, sont aussi ceux qui se révoltent le moins. Sortir et prendre la parole est difficile, car cela suppose que les individus possèdent des ressources : des capacités cognitives, des compétences sociales, l'accès à des alternatives. Faire défection peut être interprété comme un signal qui est lancé à l'organisation comme quoi elle serait en déclin. La prise de parole, si elle est combinée à la défection, permet que s'expriment des messages sur les raisons de ce déclin perçu, fournit des contenus critiques dont il est possible que l'organisation s'empare pour contenir les défections.

L'*affectio societatis* n'est le monopole de personne. De plus, à l'heure d'une bataille économique globalisée, de ce que les économistes évolutionnistes Richard Nelson et Sidney Winter appellent l'hypercompétition[2], la possession et l'affinage d'un actif invisible tel qu'un capital cognitif élargi, donc partagé par toute l'organisation, fournissent des leviers essentiels pour la survie et le succès durables d'une entreprise. Ils permettent un renouvellement rapide des rentes. Encore faut-il que tout le corps social intérieur, à commencer par les cadres, en soit partie prenante.

---

1. Hirschmann A.O., *Exit, Voice and Loyalty. Responses to Decline in Firms, Organizations, and States*, Cambridge, Harvard University Press, 1970.
2. Nelson R. et Winter S.G., *An Evolutionary Theory of Economic Change*, Cambridge, Belknap Press/Harvard University Press, 1982.

UNE TYPOLOGIE DES RÉBELLIONS CRÉATRICES

Toutes les rébellions ne se ressemblent pas sous l'angle de leur capacité créatrice. Dans la réalité, elles se déploient de multiples manières et selon des logiques qui varient en fonction des contextes locaux. Une grille ou typologie permet d'en simplifier la compréhension et d'en identifier les caractéristiques respectives.

Cette grille distingue trois types principaux : la rébellion collégiale, la rébellion territoriale, la rébellion cognitive. Chaque type se différencie des autres à partir de quatre paramètres : l'enjeu qui est en débat ou l'objet qui est controversé, les acteurs qui portent la rébellion, les retombées ou impacts dont le management peut tirer parti, les retombées ou impacts pour les contestataires.

Tableau 1. Les types de rébellion créatrice

	La rébellion collégiale	**La rébellion territoriale**	**La rébellion cognitive**
La lutte porte sur…	La légitimité des expertises	La légitimité des valeurs	La légitimité des interprétations
Les acteurs de la lutte sont…	Des néo-professionnels très qualifiés	Des individus appartenant à des niches communautaires	Des individus bien dotés en ressources de rebond
Le management peut en tirer…	De nouveaux critères de décision produits par le « terrain »	Des arguments pour opérer des choix stratégiques significatifs	Un renforcement de son discours « moderne » sur l'émancipation au travail et la diversité
Les résistants peuvent en tirer…	Des modifications permanentes ou temporaires de statuts collectifs	Des moyens d'anticiper, de s'adapter à des changements prévisibles	Des arguments pour renforcer ou expliquer à d'autres des décisions individuelles difficiles

Bien entendu, il s'agit là d'une stylisation en termes d'idéaux types. Dans les faits, les rébellions réelles sont rarement une copie exacte et pure d'un idéal type donné. Tel ou tel paramètre peut être plus ou moins hybride.

S'agissant des histoires de rébellions relatées dans le présent livre, elles sont classables de la manière suivante :

- un exemple relativement pur de rébellion collégiale, même si par ailleurs il contient des éléments relevant des deux autres types, est fourni par l'histoire de Philippe et de Marc chez Agro ;
- les histoires de Bruno chez Brick et d'Antonin chez Bank sont plutôt représentatives du type territorial ;
- la rébellion de type cognitif est illustrée de manière nette par les histoires de Jean-Paul chez Bat, de Michel chez Fil, ainsi que par celle de Julie chez Fondri (cette dernière étant détaillée par le menu dans la section qui suit).

LES RESSOURCES DES REBELLES CRÉATEURS

Tout cadre peut-il se transformer du jour au lendemain en rebelle créatif ? Ou bien ce registre ne peut-il être parcouru que par des rebelles dotés de ressources particulières liées au genre ou dérivant de l'appartenance à une culture générationnelle donnée ?

Julie chez les hommes

L'histoire de Julie met en scène une femme, une femme cadre plongée dans un univers dominé socialement, culturellement et industriellement par le genre masculin.

Julie a 41 ans. Elle est mariée et mère de deux enfants. Elle est diplômée d'une école d'ingénieurs. Chose rare dans son milieu professionnel, elle a suivi une formation à la sociologie des organisations. Elle travaille depuis 11 ans dans une aciérie qui appartient au groupe Fondri. Elle est la seule femme cadre dans toute l'usine. Sur la ligne de production, elle dirige 70 ouvriers très qualifiés, agents de maîtrise et techniciens, tous, sauf deux, étant de sexe masculin.

Julie a prouvé qu'elle savait faire le travail réservé aux hommes, tout en revendiquant sa différence de genre. Elle est bien notée par sa hiérarchie au point qu'elle est classée comme cadre à haut potentiel. Elle est acceptée et respectée. Ses collègues cadres la traitent à la fois comme la petite sœur qu'on protège et l'exception à la règle. *« Ce boulot n'est pas fait pour les femmes, mais seulement pour les hommes, les vrais hommes s'entend ! »* est une expression courante. Produire de l'acier est un métier rude, exercé dans le bruit et la chaleur, exigeant de la résistance physique. Les accidents liés au travail sont relativement fréquents, plus ou moins graves selon les cas. Ils sont parfois tus par les ouvriers qui les subissent.

Depuis quelques années la direction de Fondri a lancé une campagne d'éradication radicale des accidents mortels, graves ou même relativement anodins.

Un beau matin, et à sa surprise, Julie se voit proposer par son directeur d'usine de prendre un nouveau poste : la sécurité, l'hygiène et l'environnement (SHE) de toute l'usine. Car son titulaire vient d'être muté, à sa demande et après seulement quatre mois, vers une autre fonction.

Le premier réflexe de Julie est de se demander pourquoi c'est à elle que ce poste est offert. *« Parce que je suis une femme ? Parce qu'on me donne une responsabilité qui va me placer sur une voie de garage, hors de la voie royale qui, chez nous, est celle de la fabrication ? Parce que je vais servir de fusible ? »* Il est vrai que la SHE est un poste facilement éjectable en cas d'accident grave. En effet, le siège de la société Fondri ambitionne de réduire à zéro les accidents graves dans toutes ses fonderies. Aussi, quasiment après chaque accident mortel, il sanctionne la chaîne hiérarchique intermédiaire. En même temps Julie prend à cœur le problème de la SHE. *« Il faut faire quelque chose dans une usine dans laquelle les accidents du travail sont vécus par les cadres comme par les ouvriers comme une fatalité normale, comme une partie intrinsèque du travail de mec. »*

Julie demande à réfléchir avant de donner sa réponse. Elle souhaite redéfinir le profil de poste affecté à la fonction de SHE. Son titulaire devrait intervenir en direct sur la ligne de production et sur les opérateurs en cas de constat de non-respect des procédures de sécurité par les opérateurs, au besoin en prenant des sanctions directes et sans passer par le consentement préalable des contremaîtres et des ingénieurs qui dirigent la production. Car son prédécesseur, dont les compétences étaient purement fonctionnelles, n'avait aucune compétence hiérarchique pour interférer ainsi dans la marche quotidienne. Il animait de la formation et faisait de la communication, un point c'est tout. Julie a conscience que cette modification risque de ne pas être très populaire, car violant la norme tacitement entendue et respectée selon laquelle chaque responsable de production, du chef d'équipe à l'ingénieur, est le seul maître à bord de sa juridiction.

Dix jours plus tard, elle demande à revoir le directeur d'usine. Celui-ci la fait recevoir par sa responsable des ressources humaines à qui elle soumet son idée. La réponse du directeur, colportée par les ressources humaines, est un refus. Il ne pense pas pouvoir accepter les exigences de Julie. Il lui est même fait comprendre qu'elle exagère un peu dans le genre *« forte tête qui la ramène »*.

Julie refuse l'offre. Elle est persuadée qu'elle va devoir chercher un autre employeur. Elle ressent de l'aigreur : *« les salauds, ils veulent me piéger »*. De la colère sourde monte en elle. *« Au fond la sécurité et les accidents mortels, ils s'en foutent au niveau de la direction de l'usine, ce sont tous des cyniques. Tout ce qu'ils veulent, c'est de trouver un pigeon qui permette d'afficher qu'un cadre s'occupe de SHE. Peu importe s'il reste marginalisé, et pourvu qu'il n'emmerde personne au quotidien. »* En même temps, elle se sent digne : *« Je ne pourrai pas me dire plus tard que je n'étais pas fidèle à mes convictions, soit d'aider les gars sur le tas à ne pas avoir d'accidents. »*

Elle demande, sans illusion, une mutation dans une autre usine située à une vingtaine de kilomètres de là. À son grand étonnement, un nouveau poste lui est rapidement affecté par le siège de Fondri. Elle s'occupera désormais de la qualité. Voie de garage, punition, façon de pousser Julie à quitter l'entreprise, ou test de la dernière chance : elle ne le sait pas.

Un peu plus de trois mois après sa mutation, un nouvel accident de travail grave a lieu dans son ancienne usine. En réaction, le directeur de cette usine, celui-là même qui avait éconduit Julie, décide d'appliquer à la lettre les préconisations de Julie concernant le poste de SHE. La fonderie ne connaîtra plus d'accident grave dans les 24 mois qui suivront. Cela n'empêche pas son directeur de continuer à parler de Julie comme d'une *« personnalité peu contrôlable »* et *« d'une femme un peu atypique »*.

Julie, quant à elle, s'investit dans le militantisme syndical. Elle n'est plus classée comme un haut potentiel par la direction des ressources humaines du siège. Cela l'indiffère quelque peu. Par ailleurs, interrogée par nos soins sur son sort, la DRH du siège regrettera ce qui s'est passé, reconnaîtra que la solution de Julie était la bonne, mais que, dans la culture du *business*, le dernier mot reste toujours à la ligne hiérarchique opérationnelle.

Julie aura perdu en ce sens qu'elle est marginalisée et ostracisée. Elle a enfreint des façons d'être et de se conduire, chose qui est insupportable pour le management. Sa carrière, jusque-là prometteuse, en souffre. Julie aura aussi gagné en ce sens que sa solution a fini par prévaloir. Les accidents graves disparaissent parce qu'elle a apporté à la fois une nouvelle approche organisationnelle en usine – en donnant du pouvoir à la fonction SHE – et une nouvelle cognition – en liant la production de sécurité non pas à la seule formation des opérateurs, mais aussi à la mise en cause de l'autonomie excessive et de l'impunité dont bénéficient les opérateurs et leurs chefs d'équipe, bref en pensant différemment le problème. En même temps, elle a le tort d'avoir eu raison trop tôt. Le nouvel accident, qui aurait pu être une ressource pour sa solution – compte tenu de la pression sur le directeur de l'usine exercée par la direction du siège et des ressources humaines pour que quelque chose soit entrepris –, est arrivé juste trop tard pour Julie. Autrement dit, les circonstances au moment de sa réponse à l'offre de sa direction ne lui avaient pas été favorables.

Genre et génération

Le contexte d'une contestation détermine largement ce qui est ressource et ce qui ne l'est pas pour ses porteurs. Les ressources, atouts et autres cartes ne le sont pas en soi, indépendamment du moment et des circonstances au cours desquelles ils sont mobilisables.

Ainsi le fait d'être une femme dans un milieu totalement masculin est une contrainte majeure, un handicap insurmontable. Car le plafond de verre finit par faire son œuvre. En même temps, le statut de femme opère à un moment précis. Avant de se voir proposer le poste de SHE, Julie avait crevé ce plafond puisqu'elle était déjà classée haut potentiel – une première pour une femme dans ce *business* et un fait dont le siège était publiquement fier – et par la voie royale – la fonction de fabrication. Ce qui suggère que le statut lié au genre était pour Julie une ressource. Une même analyse concerne son expertise unique en matière organisationnelle, sa capacité à diagnostiquer les dysfonctions graves en termes de sécurité provoquées par les comportements réels des opérateurs et par les dynamiques de pouvoir dans les ateliers. Elle deviendra une ressource après l'accident mortel.

Si l'on relie le cas de Julie aux autres histoires de contestation relatées plus haut, on est par ailleurs frappé par des récurrences. Les rebelles ne sont pas démunis en capital social, bien au contraire. Ils ont entre 30 et 45 ans. Ils sont bien formés, issus de bonnes universités et écoles professionnelles (gestion, ingénieurs). Ils ont une réputation bien établie et prouvée de réussite et d'engagement total. Ils sont considérés et reconnus comme tels par le management et par leurs pairs. Ils n'ont plus grand-chose à prouver. Ils ont des réseaux établis dans leur entreprise. En même temps, si certains sortent de la contestation par le haut au sens où leur entreprise les reconnaît ultérieurement en termes de promotion de carrière et de ressources entrepreneuriales, comme dans le cas d'Antonin et de Bruno, beaucoup d'autres partent, comme Michel et Jean-Paul, ou sont marginalisés, comme Julie.

Le capital social dont un individu ou un petit groupe d'individus sont les porteurs, n'est pas un facteur négligeable, loin de là. Il peut même faciliter la rébellion, son lancement et sa dynamique, le fait qu'elle est à prendre au sérieux. Il est pris d'autant plus au sérieux par les gouvernants, ce qu'il dit et fait est d'autant moins anodin. Cependant le capital social ne garantit rien à terme aux personnes. Il ne leur fournit pas en soi une assurance de bonne fin ou d'issue en termes de succès. En revanche il met à disposition de l'entreprise des animateurs de contestation créative, un gisement ou même une assurance de dynamiques de création qui ont de bonnes chances de laisser des traces, même si le management ne le supporte pas en apparence ou feint de faire la sourde oreille.

L'appartenance à une génération donnée explique-t-elle la propension des cadres à mener des rébellions créatives ?

Un constat est frappant. Les histoires relatées plus haut mettent toutes en scène des hommes et des femmes qui ont entre 30 et 45 ans. À cet égard, elles rendent compte d'observations plus générales que nous avons accumulées durant notre enquête sur un nombre de cas plus important. D'une part, les cadres ne se rebellent pas avant d'avoir atteint la trentaine. D'autre part, nous n'avons observé qu'un cas de rebelle ayant dépassé la mi-quarantaine.

Deux explications sont possibles, en termes de cycle de vie et d'évolution plus générale des valeurs dans la société, en termes d'effet générationnel. Les quinquagénaires seniors et jeunes sexagénaires qui restent actifs dans les entreprises au début du XXIe siècle sont issus pour une large part de la génération qui avait 20 ans au milieu des années 1960. Ces soixante-huitards ont certes connu et même animé des mouvements de contestation civique et culturelle qui remettaient en cause les modes jugés anciens ou décalés d'autorité dans la sphère familiale et politique. Trente années plus tard, les voilà installés aux affaires, bénéficiant d'un statut reconnu et même de pouvoir sur l'entreprise lorsqu'ils occupent des fonctions dirigeantes. En tout état de cause, qu'ils aient réussi ou qu'ils soient arrivés à des échelons plus modestes, la partie est largement jouée pour eux. La jeune génération, qui a moins de 30 ans, serait typique quant à elle d'une attitude de *zapping*, de l'absence d'engagement durable, de l'accumulation d'expériences multiples aussi bien que diversifiées, à l'égard tant de la vie en couple que de l'emploi et de l'entreprise. La génération intermédiaire serait issue d'un monde marqué par « les années fric », dans lequel prévaudrait l'individualisme utilitaire, et dont le phénomène yuppie serait le symbole. Cette génération de kamikazes se sacrifierait au travail. Elle serait celle des *true believers,* des fanatiques ou fondamentalistes qui croient obstinément, contre vents et marées, dans les vertus des challenges et du succès rapide au point de s'aveugler. Les contestataires feraient exception dans cette culture, des faibles ou des ratés en quelque sorte, qui jetteraient leur froc aux orties, car ne croyant plus en ce qu'ils adoraient.

De telles explications tournent court lorsqu'elles se confrontent aux histoires de rébellion et à leurs protagonistes. Pourquoi les 30 à 45 ans sont-ils enclins à faire ce qu'ils font beaucoup plus que d'autres cadres ? Parce qu'ils vivent une période charnière, un moment clé de leur vie, celle de la construction de soi. C'est entre la trentaine naissante et la mi-quarantaine que, pleinement établis dans leur carrière et dans leur vie hors entreprise à la fois, ils se heurtent bille en tête à des dilemmes qui confrontent leur sphère publique dans l'entreprise et leur sphère privée, familiale, morale, etc. Ils ont cravaché dur pour réussir dans la première. Pendant ce temps, ils se sont plus modérément investis dans la seconde, ont à peine vu leurs jeunes enfants grandir, ont accepté de fouler au pied quelques aspirations ou exigences privées. Arrive un moment où la sphère publique et la sphère privée ou sociétale se mêlent de manière inextricable ou, dans certains cas, viennent à s'opposer frontalement. Pourtant cela ne suffit pas à déclencher un passage à l'acte de rébellion. Encore faut-il que des circonstances se présentent qui se prêtent plus que d'autres à ce que les deux sphères se confrontent et que, condition essentielle, les individus en prennent conscience.

La rébellion créative est exacerbée par un moment particulier de la vie, par un contexte précis, goutte d'eau qui fait déborder le vase. Tout le monde cache peut-être en soi une âme de contestataire rebelle. Chacun ne franchit pas pour autant le pas. Encore faut-il que l'entreprise et son mode de management y mettent du leur, en fournissant l'allumette qui mettra le feu à la paille.

Chapitre 7

Le retour de la sphère privée

LE PRÉSENT CHAPITRE prolonge un point noté plus haut. Une rébellion de cadres se caractérise par l'intrusion de leur sphère privée dans la sphère publique de l'entreprise, comme si la société rentrait à nouveau dans l'univers du travail. Les cadres qui contestent agissent comme des passeurs de l'autre monde, cette sphère privée hors entreprise que le management hégémonique ignore ou viole. Le concept de zone interdite définit cette sphère privée.

Pour quelles raisons le management hégémonique ignore-t-il et enfreint-il cette zone ? Parce qu'il est de nature bureaucratique. Plus précisément, à un mode de contrôle *a priori* et qui porte sur la manière d'opérer, trait distinctif de la bureaucratie entendue dans son acception courante, il substitue un mode de contrôle *a posteriori* et qui porte sur les performances à atteindre. Certes, et à première vue, le cadre acquiert une relative marge de souplesse sur les façons de les atteindre. Pourtant la contrainte reste. Elle change de nature, plus implicite et plus intériorisée. Elle s'adoucit. Elle n'en reste pas moins forte.

Le cadre entretient avec l'autorité un rapport très particulier. Se montrer conforme en termes de performance le conduit à accepter que les demandes et défis de l'entreprise empiètent sur sa zone privée ou interdite. Le contrôle *a posteriori* par des indicateurs de résultats érode plus fortement son autonomie que ne l'opère le contrôle *a priori* par des procédures instrumentales. Comme nous le verrons, ce dernier permet au subordonné de se reconstituer une relative marge d'autonomie par rapport à son supérieur que permet plus difficilement le premier.

LES PASSEURS DE L'AUTRE MONDE

Une rébellion de cadres n'est pas un moment comme un autre. Elle s'accompagne d'une inversion temporaire du pouvoir. Les cadres montent d'un cran en s'appropriant des sujets auxquels ils n'ont pas légitimement accès. Ils rompent le monopole de la direction sur l'agenda. Mieux encore, le cadre rebelle est un passeur de société.

La rébellion est le théâtre d'une compétition entre deux projets proposant des visions divergentes du bien commun de l'entreprise. Aux yeux des rebelles, contribuer au bien qui fonde l'*affectio societatis* de l'entreprise va de pair et est parfaitement compatible avec le fait de cultiver pleinement leur sphère privée. Pour les dirigeants de l'entreprise, au contraire, le bien public est lié au surinvestissement des cadres. Celui-ci est considéré comme quelque chose qui va de soi ; comme un devoir normal des cadres qui sont élus par l'entreprise, comme un fait non négocié et non négociable par eux. La sphère privée est occultée.

Les chemins de la rébellion créatrice sont ceux qui conduisent l'entreprise à confronter les transformations de la société environnante. Cette clé ouvre une porte qui donne sur pas mal d'incertitudes. Elle suggère que les histoires de résistance ordinaire reflètent le fait que les salariés, et notamment les cadres, réagissent, sans en être toujours conscients, à des influences et transformations externes qui sont celles de la société. Mieux encore, les cadres seraient à leur façon le reflet même de ces transformations sociétales, d'ordre moral, culturel ou relationnel. Occultée et ignorée par les pratiques de management hégémonique qu'adoptent les dirigeants, la société fait son retour à l'occasion des rébellions. Comme le montrent nos histoires, les cadres, souvent assimilés un peu hâtivement à des fonctionnaires de la mondialisation ou à des fanatiques de la cause de leur entreprise, se montrent en fait attentifs à des formes inattendues de différences, de contradictions et de décalages au sein du monde du travail qui est le leur.

Cette attention surgit entre autres à propos des trajectoires professionnelles possibles. Certains cadres, à l'exemple de Jean-Marc et de Michel, sont confrontés à des dilemmes en la matière – une promotion rapide contre un déni de leurs valeurs morales – alors que d'autres ne le sont pas. Ces décalages tiennent aussi au traitement réservé aux facteurs locaux qui régissent la production de la performance, comme à Bank, Agro ou Fondri. Ils peuvent également être liés aux origines qui pèsent de tout leur poids sur les avenirs possibles, entre un chef de projet diplômé d'une grande école d'ingénieurs et celui qui est issu de l'université, ou encore à des critères ethniques, comme dans le cas de Bruno, cet Asiatique qui est confronté aux élites européennes dirigeant Brick. Ces phénomènes qui ne vont pas de soi en entreprise renvoient à des différences, contradictions et décalages qui traversent la société environnante.

Les cadres en résistance sont attentifs aux effets liés à leur exposition au risque, laquelle ne cesse de croître à travers les pratiques agréées de management. En même temps, les rebelles que nous avons interviewés se montrent assez profondément choqués par les différences de destin que produit et même accentue l'entreprise devenue mondialisée. Bien sûr, les cadres s'en préoccupent de façon fort égoïste parfois et résolument utilitariste. Ils privilégient ce qui les concerne directement et seulement quand ils s'en sentent les victimes directes. Après tout, le souci de s'en sortir, voire parfois la volonté de remporter le *jack pot* effacent toute sollicitude et aveuglent tout altruisme. Pourtant ces différences et décalages manifestent également une prise de conscience qui résonne d'accents collectifs. Ce dernier fait mérite attention. Car son expression est relativement récente chez les cadres.

Cette prise de conscience résulte en partie des effets massifs que provoque l'accentuation des différences entre cadres, entre cadres dirigeants et cadres moyens, entre les diverses fonctions ou encore entre le siège et les *business units.* Ce creusement retient leur attention et devient une question sensible même si les individus surinvestissent par ailleurs dans leur travail. Plus ils se « défoncent » pour l'entreprise, plus ils se conduisent en moines-soldats, par exemple en ne comptant pas leurs heures, plus ils occultent corollairement leur propre vie privée hors travail quand ce ne sont pas leurs valeurs et leurs aspirations personnelles. Or, et en même temps, ils ont tendance à se montrer de plus en plus sensibles à la moindre entorse à l'équité et se mettent à questionner la moindre inégalité de traitement. Ce décalage devient insupportable à leurs yeux.

Les cadres manifestent leur sensibilité d'une manière particulière. Ils voient dans leur entourage professionnel et amical des personnes carbonisées par leur engagement, des individus laissés en route et sanctionnés, parfois malgré leur loyauté et leur investissement. Ils constatent jour après jour le décalage entre l'effort déployé et le sort réservé aux personnes. De la ségrégation à l'égard du patron d'agence de Bank située dans la zone de chalandise la moins favorisée, jusqu'à celle qui touche à Agro un chef de projet bosseur mais pas assez rapide ou, peut-être, pas assez bien placé dans les réseaux du pouvoir interne à l'entreprise, la protestation s'appuie sur des valeurs qui stigmatisent des malheurs sociaux considérés comme injustes. Les situations perçues comme sujettes à caution, parce que nées des pratiques de management jugées arbitraires, génèrent des expressions de compassion et alimentent des velléités de contestation.

Observation intéressante, ce qui se passe dans l'entreprise ressemble assez fortement à ce qui peut être observé dans le reste de la société, comme le note le Centre d'analyse stratégique[1]. Le chômage et la précarité qui existent hors les murs de l'entreprise exercent évidemment un effet sur la diffusion grandissante de ces représentations parmi les cadres. Pourtant cela n'explique pas tout, et en particulier pourquoi des cultures professionnelles se mobilisent, des identités de destin sinon de classe se façonnent dans des formes certes hybrides, instables et temporaires, mais toujours prêtes à émerger.

Enclenchés à partir de prises de conscience individuelles, ces sujets problématiques et sensibles se propagent parce qu'ils mobilisent des thèmes auxquels les cadres sont sensibles par ailleurs. Ces réticences et indignations, qui expriment la montée de valeurs convergentes dans la société comme celles du respect et de la tolérance, ainsi que le souligne Nicolas Herpin[2], sont inculquées hors de l'entreprise, notamment par le cercle familial, par la socialisation scolaire, par les milieux d'amis et les associations, par les médias, et beaucoup plus rarement sinon pas du tout par le management au sein de l'entreprise.

Plus encore, à lire les sociologues, une deuxième modernité est en marche qui se caractérise par un déclin des formes traditionnelles d'appartenance, par une remise en cause des rôles sociaux et des institutions. Les individus s'inventent eux-mêmes en termes d'identité et d'appartenance. Les libertés nouvelles accélèrent une crise du lien social, le fragilisent par le fait même que les individus veulent choisir et construire qui ils sont, notamment en limitant leurs engagements dans des sphères publiques, dont l'entreprise. À croire les analyses développées par Pierre Bréchon, Olivier Galland et Jean-François Tchernia[3], leur individualisme est moral, comme si chacun avait le choix de ce qu'il considère comme bon pour lui-même à condition que ce choix ne porte pas préjudice à autrui.

Il ne faut pas chercher plus loin le recours extrêmement fréquent, dans les histoires de contestation, à la sphère privée. Cette dernière fournirait

1. Centre d'analyse stratégique, *La Société française : entre convergences et nouveaux clivages*, Paris, La Documentation française, 2006.

2. Herpin N., « La famille : tolérance et différence », dans P. Bréchon (dir.), *Les Valeurs des Français*, Paris, Armand Colin, 2003.

3. Bréchon P., Galland O. et Tchernia J.-F., « La dynamique des valeurs en Europe », *Futuribles*, juillet-août 2002.

les raisons et les arguments opposables à un monde de l'entreprise profondément individualiste – chacun pour soi, personne pour les autres –, viscéralement utilitariste – mon intérêt d'abord et avant tout – et implacable – c'est-à-dire, en définitive, intolérant. Cette tension est forte. Qui plus est, elle est avivée par le relatif fossé entre l'esprit plutôt tolérant de la société et la rigidité voire la franche intolérance qui peut se déployer dans le monde de l'entreprise.

Le droit à la différence et la reconnaissance d'un statut aux minorités en sont des illustrations parmi d'autres. Ce que la société condamnait hier comme étant des déviances insupportables – l'homosexualité, le féminisme, l'euthanasie ou encore le divorce – est aujourd'hui beaucoup moins réprimé et davantage toléré. Par contraste, il règne un climat de rigidité et un fond d'intolérance en entreprise à l'encontre de principes et de façons d'être lorsqu'une promotion offerte est refusée par le cadre ou lorsqu'une promesse faite au cadre n'est pas de suite tenue par sa hiérarchie. Le cadre qui refuse devient objet de suspicion aux yeux de la DRH. La promesse dont la concrétisation est différée dans le temps irrite le cadre. Ni les dirigeants ni leurs cadres ne sont vraiment portés à faire un effort pour analyser les tenants et aboutissants qui conduisent leurs interlocuteurs à se comporter comme ils le font. Les possibilités de recours à l'amiable deviennent l'exception. Qui parle donc vrai ?

Une entreprise qui demeure obstinément intolérante dans une société devenue beaucoup plus tolérante, quels que soient les avantages matériels dont elle gratifie le dévouement de ses collaborateurs, finit à un moment ou un autre par devenir un vrai problème pour ses cadres. Elle ne peut pas fonctionner, *a fortiori* lorsque les arguments, souvent invoqués et parfois même avec des accents candides, de la responsabilité sociale de l'entreprise ou encore du développement durable, prétendent enserrer, expliquer et justifier certaines décisions managériales. L'argument éthique sonne creux. Pire, il paraît hypocrite et fait alors le lit de la contestation.

Avoir recours au registre de l'éthique peut être une arme redoutable. Non pas que, par définition, ce recours soit entaché de suspicion et que les élites soient machiavéliquement manipulatrices. De nombreuses directions générales mettent en concordance leur soutien et leurs actes en matière de préservation d'un environnement durable et de respect à l'égard des salariés. Chez Fondri, tout accident mortel intervenu dans une usine conduit le siège mondial à sanctionner immédiatement et gravement la hiérarchie. Brick, pour sa part, est une entreprise multinationale globale reconnue comme en pointe par la qualité du dialogue qu'elle entretient avec les syndicats et par le soin qu'elle porte au reclassement des personnels dont elle supprime les postes. Qu'un directeur d'une usine située dans une lointaine province de la Chine utilise la violence physique et fasse appel à des polices privées pour pousser des salariés à la démission volontaire relève de l'inacceptable absolu pour la direction générale de Brick. Encore faut-il que l'information remonte jusqu'au siège, à travers le filtre de trois ou quatre échelons hiérarchiques.

Plus encore que la duplicité ou l'hypocrisie des individus, à commencer par les dirigeants qui ne veulent pas voir quand cela les arrange, ce sont les systèmes de management adoptés, le manque de fiabilité de leurs dispositifs – pression de la performance à court terme, charge de travail, etc. – et la longueur des relais hiérarchiques entre le terrain et le siège qui entraînent perte de confiance et dérapages de la tolérance. Les rébellions trouvent un terrain d'autant plus fertile que les cadres jugent que leurs conditions éthiques et sociales de vie au travail se sont dégradées et que le cynisme de leurs dirigeants en est directement responsable.

Ce désenchantement s'accroît à mesure que les rebelles jugent fondées et légitimes les valeurs économistes de l'entreprise comme lieu de production de richesse, qu'ils se réjouissent même des performances qu'elle enregistre. En même temps, et paradoxalement, ils estiment que leur propre sort se détériore.

Le ressort de ce jugement est relativement peu lié aux rémunérations et autres avantages matériels. Ne pas être reconnu par un chef immédiat distant et subir son comportement autoritaire importe certes, mais dans certaines limites. Les vécus psychoaffectifs et relationnels ne forment pas l'essentiel du problème ressenti. Deux autres facteurs ou causes contribuent fortement à faire que le cadre « n'y croit plus ».

D'une part, les dirigeants ne sont pas vraiment exemplaires à la fois moralement et techniquement. Ils agissent souvent de manière incompétente. Leurs actes bénéficient d'une impunité choquante, alors qu'au même moment les cadres sont soumis à un contrôle tatillon de leurs performances qui a des incidences immédiates sur leur évaluation et leur traitement. Cette impunité, qui s'ajoute à la dimension jugée arbitraire des décisions managériales, sape la foi des cadres dans l'institution qu'est l'entreprise. Elle nourrit le cynisme et le désenchantement. D'autre part, les cadres n'arrivent plus vraiment à anticiper leur sort dans l'entreprise. Ce manque de lisibilité du futur concerne surtout leur emploi, leur carrière et leur fonction.

La conjonction de ces deux facteurs nourrit et installe de façon durable une forme de pessimisme qui trouve précisément son terrain d'expression dans les rébellions ordinaires. Ces rébellions apparentes envoient en fait autant de messages au régime qui gouverne de manière hégémonique et à son incarnation, les dirigeants, qui abusent de leur pouvoir.

La résistance puise donc en partie son origine dans la similitude entre ce que vivent les cadres au travail et ce que vit la population dans son ensemble. L'entreprise est enchâssée dans la société en même temps qu'elle contribue à produire la société. Ceux qui y vivent éprouvent les mêmes décalages et les mêmes craintes que les gens sans emploi, sans domicile fixe et autres types d'exclus économiques, sociaux et culturels dont les journaux, les radios et les télévisions parlent tant. Le fait que même un cadre à succès puisse basculer presque du jour au lendemain dans la fragilité sociale est traumatisant. Il nourrit les épisodes de résistance en entreprise. Car la déchéance n'arrive pas qu'aux autres, à ceux qui manquent de capital social. Elle peut aussi un jour frapper des gens comme moi.

Les cadres parviennent à construire des microrésistances qui concernent certes leurs collègues, les autres cadres, mais aussi les employés et les ouvriers. Ce constat mérite réflexion. En effet, le milieu des cadres manifeste une capacité d'action collective, qui est relative, localisée et le plus souvent sporadique ou éphémère. Néanmoins elle peut se révéler consistante au moment même où les formes de solidarité sont ébranlées dans les milieux ouvriers et employés. Ces derniers ne sont plus soudés par un projet mobilisateur, alors que la concurrence interpersonnelle, jusqu'ici caractéristique de conditions de travail des cadres, gagne en usine et dans les bureaux, comme l'affirment Stéphane Beaud et Michel Pialoux[1].

Les cadres qui se rebellent sont apparemment mieux dotés en capital social que ceux qui ne se rebellent pas. Ils suscitent beaucoup plus d'espoirs chez leurs dirigeants que leurs collègues. Si nombre d'entre eux sont classés dans la catégorie des cadres à potentiel, ils ne se sentent pas pour autant mieux protégés que leurs collègues. Ils vivent une angoisse sourde à constater la généralisation des phénomènes de précarité dans la société à mesure que les années passent et que leur avenir de futur quinquagénaire se rapproche. À qui le tour, se disent-ils ?

1. Beaud, S. et Pialoux M., *Retour sur la condition ouvrière. Enquête aux usines Peugeot de Renault Montbéliard,* Paris, Fayard, 1999.

LA ZONE INTERDITE

La zone interdite fait référence au noyau dur de valeurs, aspirations, rôles et activités qu'un cadre définit comme constituant sa sphère privée, qu'il considère comme intangibles – ce qui ne l'empêche pas d'évoluer dans le temps et en fonction des circonstances – et qu'il soustrait à toute mise en cause ou menace externe. Elle crée un for intérieur qui est socialement et culturellement balisé.

Si une atteinte est portée par des injonctions de la sphère publique du travail, le cadre se mobiliserait pour protéger les éléments qu'il a sanctuarisés au sein de sa sphère privée. Autrement dit, cette atteinte fournit la chiquenaude d'un processus de rébellion. Une ligne rouge est franchie. Trop devient trop.

La modernisation managériale structure la relation entre cadre et employeur à travers des formes de subordination qui sont consignées et acceptées sur un mode contractuel, en particulier dans les économies occidentales dites avancées et dans les nouveaux secteurs d'activité. Cette subordination se distingue donc nettement d'autres formes.

Ainsi, elle ne se fonde pas d'abord et avant tout sur l'appartenance indéfectible du salarié, à travers une loyauté construite sur des valeurs morales comme l'appartenance transmise par filiation, par exemple. On n'aime pas le chef pour la figure symbolique qu'il représente et pour la protection qu'il offre. L'idée de communauté est là pour montrer que les liens du sang, du voisinage et de l'interconnaissance encadraient largement les rapports, les obligations mutuelles et les comportements acceptables entre les individus. Dans beaucoup de nos histoires, le sens du sacrifice, la référence à des obligations communautaires et à une logique d'honneur comptent peu. Les cadres qui entrent en rébellion, à l'exemple de leurs collègues plus conformistes, fondent leur subordination sur des logiques de calcul coûts-bénéfices, de court terme et d'individualisme. La stratégie et la tactique l'emportent. Ainsi on ne refuse pas les médailles et les honneurs pour soi, contrairement aux derniers vétérans de la guerre de 1914-1918 qui veulent honorer d'abord ceux de leurs camarades qui sont tombés dans l'anonymat.

Nos histoires de résistance ouvrent un chapitre peut-être différent, sinon nouveau concernant le vécu des salariés et leur rapport aux autres et à l'entreprise. Si Jean-Paul, Michel, Bruno, Antonin, Julie et les autres se rebellent, c'est parce qu'ils considèrent, chacun et tous, que la hiérarchie est sortie de leur zone d'indifférence pour entrer dans leur zone interdite, celle qui leur appartient en propre. Ils n'acceptent pas que la hiérarchie y fasse incursion et s'en empare.

Zone d'indifférence et zone d'acceptabilité

Le concept de zone d'indifférence a été proposé par Chester Barnard. Dans un livre considéré comme un texte fondateur du management[1], il développe une théorie de l'autorité qui a fait sensation.

Pourquoi l'autorité hiérarchique est-elle acceptée au quotidien par le salarié ? L'autorité en soi, celle que confère le fait d'être chef, ne suffit pas, loin de là. Encore faut-il que les subordonnés l'acceptent comme légitime. Une des conditions majeures de l'acceptation est que les subordonnés estiment que les directives ne sont pas contraires à leurs buts ou enjeux personnels.

Cette acceptabilité de l'autorité tient à ce que, dans les faits, chaque personne possède une zone d'indifférence. À l'intérieur de cette zone, elle accepte les instructions sans rechigner, sans mettre en doute consciemment l'autorité qui les donne, mais aussi sans être forcément ouvertement favorable au contenu de ces directives. Cette zone varie selon les individus.

L'indifférence ne signifie pas seulement que le subordonné s'en moque, que cela ne compte pas pour lui parce qu'il est aveugle ou sourd. Elle implique quelque chose de plus : il agit en ce sens qu'il accepte implicitement. D'où le concept de zone d'acceptabilité formulé par Ronald Coase dans un texte considéré lui aussi comme fondateur[2] par la science économique s'agissant de théoriser la relation d'autorité en entreprise.

L'intrusion de la hiérarchie de l'entreprise dans cette zone interdite a valeur de transgression, de violation, de rupture de contrat moral. Dans un passé encore récent, cette zone interdite était celle qui, dans la communauté, était construite et délimitée par le partage obligé de valeurs communes. Le groupe des pairs, individus de même statut professionnel, de même métier, issus d'une même filière de recrutement, et dotés d'un même cadre administratif, adhérait au même esprit de corps. Même s'ils ne se connaissaient pas à titre personnel et ne se rencontraient jamais, ils partageaient une même identité et une solidarité de normes et de

1. Barnard C.I., *The Functions of the Executive,* Cambridge, Harvard University Press, 1938.
2. Coase R., « The nature of the firm », *Economica,* 4, novembre 1937.

représentations, comme le notait déjà, à propos du système social français et dans les années 1960, le sociologue Michel Crozier[1] et dont Catherine Paradeise et Jean-Claude Thoenig[2] suggèrent qu'elles restent d'actualité. D'autres identités et solidarités se construisaient autour de valeurs communes liées à des origines géographiques communes ou à des appartenances à des mouvements de pensée et de convictions. Ces communautés protégeaient leurs membres d'intrusions arbitraires externes, de la part de la hiérarchie ou des autres corps, comme l'un d'entre nous l'a montré pour les corps élitistes[3].

De quoi une zone interdite est-elle composée ? Elle trace un territoire dont l'évolution est, ou devrait être, dissociée de celle de l'entreprise. Nos histoires de contestation montrent divers territoires. Ils sont délimités par des valeurs privées, touchant selon les cas à la cohésion familiale, à la liberté associative, aux croyances relatives à la science. Or ces valeurs ne sont parfois ni reconnues ni même respectées par les dirigeants de l'entreprise et les approches de management qu'ils adoptent.

Le management moderne méconnaît, voire combat, les enchâssements des cadres dans la société. Il occulte les valeurs des communautés d'appartenance de ces mêmes cadres. Il les stigmatise comme autant d'entraves et d'archaïsmes. C'est ainsi qu'il ignore le rôle de la confiance dans l'entretien du lien social. Le coup de main donné à un collègue en retard voire en difficulté sur une affaire n'est pas considéré comme un de ces petits actes qui alimentent l'entreprise. Les dirigeants contestent par leur mode de gestion le caractère irrévocable des appartenances. Dans ses pratiques, le management en arrive à rejeter la sédentarité des cadres et leur attachement à leur lieu et à leur groupe social.

Par exemple, les directeurs d'usine tournent de plus en plus vite. Ainsi, et jusqu'à la fin des années 1990, le groupe Brick veillait à ce qu'un directeur d'usine reste au moins six années dans son poste. Désormais le critère d'excellence qui fait référence pour les gestionnaires des ressources humaines de Brick est, au contraire, le fait de changer très vite de poste et de lieu. Il ne faut y rester que deux à trois ans au maximum, y compris la période de deux à quatre mois de prise de fonction au cours de laquelle le cadre apprend ce qu'est son nouvel environnement de travail dans l'usine et dans la collectivité locale où elle se situe. Dans un passé

1. Crozier M., *Le Phénomène bureaucratique*, Paris, Le Seuil, 1964.

2. Paradeise C. et Thoenig J.-C., « Piloter la réforme de la recherche », *Futuribles*, 306, mars 2005, pp. 21-40.

3. Thoenig J.-C., *L'Ère des technocrates*, Paris, L'Harmattan, 1987.

très récent, l'insertion du directeur dans la vie locale était considérée comme un atout décisif. Désormais elle est négligée. La rapidité de rotation d'un cadre prime. Une carrière rapide traduirait la qualité du cadre, sorte de mercenaire dont l'aptitude est de s'adapter vite en toutes circonstances et de montrer une loyauté à toute épreuve à l'égard de la hiérarchie et de la performance à court terme. Tant pis pour la constitution d'un portefeuille de lien avec les responsables syndicaux de l'usine, avec les autorités publiques qui comptent, avec les familles des salariés. Tant pis pour l'insertion sociétale de l'entreprise : ses établissements sont censés ignorer les pays, les pratiques, les cultures, les dynamiques politiques et sociales des endroits où ils se posent, opèrent et prospèrent.

De multiples politiques et pratiques de gestion sont fondées en réalité sur l'exacerbation du principe de modernité. Leur projet est de laïciser et de « technologiser » les rapports de travail. Elles instrumentalisent les rapports de pouvoir. Elles désenchâssent l'usine de la société et du territoire dans lesquels elle est implantée. Car elles normalisent les rapports de concurrence entre les personnes et entre les services. Des individus mobiles et interchangeables seraient plus aisés à gérer que des individus stables et solidaires. Du moins est-ce une évidence pour le management contemporain.

Les histoires racontées tout au long de ce livre réinjectent un peu de communauté et de famille dans les affaires et dans les entreprises qui cèdent à l'interprétation et à l'appropriation la plus rigide et la plus aveugle du management. Elles réinventent un peu du caractère sacré et intouchable de certains espaces privés, comme si une coupure devait être opérée entre ces espaces privés des cadres et les espaces publics de l'entreprise. La société entre dans l'entreprise à travers des actes de résistance lorsque les valeurs privées sont transgressées par les choix managériaux, en faisant réaliser aux dirigeants qu'espaces publics et privés peuvent être concurrents, voire incompatibles.

Le management hégémonique prétend ne pas régir du tout de façon extensive, exhaustive et planifiée ce qui peut et doit arriver aux personnes et aux systèmes. Il laisse au contraire aux cadres le soin de délibérer sur leurs destins individuels. Mais, en exposant d'une manière quasi automatique les personnes à des choix binaires en ce qui concerne leur avenir, il érige les dilemmes en principes de bonne gestion des cadres.

D'une part, c'est au cadre lui-même de trancher entre le tout ou rien, l'*up or out.* Quand une chance se présente, il ne faut pas la rater, sachant qu'elle arrivera sans qu'on en puisse anticiper ni le moment ni les modalités, par choix discrétionnaire des dirigeants, et que, si on ne la saisit pas quelles qu'en soient les contreparties privées, on deviendra objet de déception et de suspicion aux yeux de ces mêmes dirigeants. D'autre part, et en même temps, le cadre se voit aussi confronté au risque et à l'incertitude en cas de refus, lot qu'il partage avec d'autres comme les non-cadres, qui sont en situation plus précaire que lui.

Ses dirigeants demandent donc à un cadre de faire des choix fondamentaux et en grande partie irréversibles, surtout s'ils le considèrent comme un élu. Ce qu'ils rémunèrent beaucoup plus généreusement qu'ils ne le font avec l'employé de base. En contrepartie ils attendent implicitement de leur cadre élu qu'il manifeste un conformisme absolu. Le conformisme signifie concrètement que le bien commun sera privilégié par rapport au bien privé. En corollaire, le cadre fait sienne l'idée que le conformisme est bon pour le collectif. Une illustration est fournie par l'importance donnée à une certaine idée ou culture de la « gagne ». Gagner est si primordial que rien d'autre ne mérite considération. Transgresser des normes de retenue et de modération ne prête pas à conséquence négative. Afficher de la modestie et ne pas clamer haut et fort ses hauts faits deviennent des postures perdantes pour un cadre. Il court même le risque d'être accusé de lâcheté et de désengagement émotionnel par rapport à l'entreprise. Au final, la culture du succès individuel est rationnelle pour tout le monde, car elle est présumée profitable au collectif en termes économiques, mais aussi en termes de fierté d'appartenance et de cohésion humaine.

La tension entre résistance et conformité contraint à prendre des positions binaires : c'est oui ou c'est non. Ou bien le cadre prend tout en bloc. Ou bien il laisse tout en bloc, la carrière, l'argent, le statut, le conformisme. Il n'existe pas de compromis tolérable. Car vouloir concilier, par exemple, la vie hors travail et la réussite dans le travail ou bien les critères éthiques personnels et les décisions des dirigeants, vouloir à la fois sauvegarder la sphère publique et la sphère privée, tout cela est interprété comme un acte de trahison et de défiance.

Le cadre finit plus ou moins vite par comprendre que le vrai contrat de travail n'est pas celui qui est rédigé par les administratifs chargés des embauches, mais celui qui n'est pas écrit et qui articule au quotidien sa relation avec sa direction. Le management hégémonique ne vide certes pas les règles de subordination de leur contenu affiché ou juridique. En revanche il les complète, les détourne et les change, jugeant normal que le cadre laisse faire. Examinant des décisions judiciaires en matière de licenciement de salariés, Catherine Paradeise et Pascale Porcher[1]

1. Paradeise C. et Porcher P., « Le contrat ou la confiance dans la relation salariale », *Travail et Emploi*, n° 4, pp. 5-13, 1990.

soulignent l'incomplétude du contrat de travail. L'ensemble des relations entre signataires du contrat ne peut pas être exhaustivement inscrit au contrat. Par ailleurs et surtout, compte tenu du fait qu'il est impossible de décrire par avance toutes les situations qui pourraient se produire, le contrat porte sur une activité future dont la réalité ne pourra être constatée que postérieurement à sa signature. C'est ainsi que les dirigeants s'arrogent un droit discrétionnaire de tirage et d'intrusion sur la sphère privée des cadres. Beaucoup y consentent, consciemment ou pas. Certains néanmoins finissent par se rebeller, notamment parmi les élus, ceux que leurs dirigeants jugent précisément comme les plus aptes à subordonner leur sphère privée à la sphère publique.

Sur un marché du travail qui valorise les compétences d'encadrement, les cadres peuvent plus facilement partir, rompre leur contrat de travail pour cause d'incompatibilité d'humeur avec leur employeur et ses sollicitations. Ils peuvent aussi prendre la parole. Ces comportements, que Hirschmann appelle des stratégies de *voice* et d'*exit,* leur donnent du poids. Or nos histoires de rébellions sont le fait de cadres qui sont plutôt distingués par leurs dirigeants, qui ont montré jusque-là qu'ils étaient conformes – stratégie de *loyalty* – et compétents, et auxquels un bel avenir est promis. Si brusquement ils adoptent un comportement extrême, allant jusqu'à partir et donc à détruire leur capital, la raison ne tient guère à un calcul en termes d'opportunités, l'herbe étant plus verte ailleurs. Ils prennent tous les risques afin de protéger leur zone privée : perte d'emploi, déclassement de statut social, renoncement à d'appréciables avantages économiques.

DES ENJEUX QUALITATIFS ET LOCAUX

Les cadres rebelles n'agissent pas dans un vide social. Leur proche contexte de travail est fait de combinaisons compliquées entre la possibilité de réagir, de montrer des désaccords, et la nécessité malgré tout fondamentale de se conformer aux exigences hégémoniques ambiantes. Le paysage social dans lequel ils évoluent est multiforme. Il est fait d'adhésion inconditionnelle et de luttes quotidiennes. Il mélange individualisme et solidarité. Il marie des émotions fortes et du pragmatisme froid.

Individualisme et mobilisation vont de pair, certes en proportion variable selon les cas, lorsque des rébellions de cadres se déclenchent. Cette association assure une place à la libre parole. Individualisme et mobilisation se conjuguent également pour façonner une sorte de pragmatisme dans la défense d'une cause. Les rébellions de cadres ne ressemblent guère aux grèves revendicatives, du moins dans leur connotation classique. Elles ne visent généralement pas d'objectifs quantitatifs, touchant, par exemple, au partage des richesses. Elles relèvent avant tout d'enjeux qualitatifs, gestionnaires et culturels. Les rebelles ne cherchent pas vraiment à transformer la société et l'entreprise dans son ensemble, à rompre avec les élites en place, à faire la révolution. Ils ne revendiquent pas un nouveau régime.

Les rebelles visent à obtenir que soit conservée ou reconfigurée leur autonomie dans leurs zones de sociabilité privées. Au fond, ils cherchent à entretenir, préserver ou gagner leur estime d'eux-mêmes, à construire une identité que l'entreprise à travers son management en acte leur refuse. Le mouvement peut alors se propager par agrégation, les forums se mettre en place et court-circuiter largement les relais traditionnels comme les syndicats par un type de mobilisation qui n'a pas besoin d'affiliation officielle.

Par ailleurs, les rebelles s'emparent de thèmes qui sont traditionnellement réservés aux élites, au top management, aux dirigeants. Ces causes concernent des décisions et des pratiques gestionnaires : critères d'évaluation des performances, opportunités d'investissements stratégiques, etc. Un espace de discussion ouvre le débat à toute personne qui se sent concernée. Un processus s'enclenche qui le déplace du domaine de la technocratie managériale vers une arène plus politique, touchant au pouvoir et à la légitimité. Mais pourquoi au fond les gouvernants décident-ils ceci ou ne font-ils pas cela ? Ainsi le fait pour un cadre de renoncer à une promotion pour des raisons identitaires et culturelles, alors que tout raisonnement par l'intérêt devrait logiquement le pousser à l'accepter, est un acte de nature politique. Il conteste la légitimité des décideurs, il interpelle leur pouvoir largement discrétionnaire sinon arbitraire.

Plus généralement, les cadres se rendent compte qu'ils n'ont pas de statut particulier dans la vague de mondialisation libérale. Ils en sont autant les acteurs que les victimes. D'où une convergence susceptible de justifier, à l'échelle microsociale, des protestations et des résistances. Nous les cadres ne sommes en définitive que des pions, comme le sont les personnels encore plus subordonnés. Comme le sont dans la société et dans son arène politique les minorités sexuelles ou ethniques. Ce réalisme devient insupportable pour une population dont l'identité et le quotidien reposent sur l'idée qu'elle est privilégiée, un fait que soulignait déjà Luc Boltanski[1].

1. Boltanski L., *Les Cadres. La formation d'un groupe social*, Paris, Minuit, 1982.

Bien sûr ces protestations de cadres dans les entreprises ne peuvent pas être qualifiées simplement de mouvements sociaux. Il leur manque des perspectives, des alternatives, voire l'espoir. En quoi les résistances de Jean-Paul et Michel produisent-elles des solutions et d'ailleurs, au fond, à quel problème ? Est-ce qu'elles ne tiendraient pas simplement à leurs problèmes personnels ? Nous ne le pensons pas. Elles sont exemplaires pour d'autres raisons.

Si Jean-Paul refuse l'évidence de sa spectaculaire promotion, c'est parce que son opposition se nourrit d'un sentiment de manque de respect. Il estime que ses chefs ne lui accordent aucun droit de regard sur une décision majeure pour sa propre vie. Quand une entreprise décide qu'elle va tester les capacités d'engagement d'un jeune collègue prometteur, c'est au nom de son image du « bon cadre ». Pourtant il y a des façons de faire, des façons qui respectent les gens qui constituent et habitent les territoires, et des façons qui, au contraire, les méprisent. Si les résistances sont puissantes, c'est qu'elles s'appuient sur une volonté de faire reconnaître que tout n'est pas permis dans le royaume de la consommation ou dans celui de la performance et des carrières. Encore une fois, des zones interdites existent. Tel est aussi le décor de la résistance en entreprise.

D'une part, vous les dirigeants, vous êtes bien les plus forts, et nous savons pourquoi nous acceptons votre hégémonie. Cependant, et en toutes circonstances, il convient d'employer votre force avec justesse, justice et parcimonie. D'autre part, des valeurs existent qui ne sont pas compatibles entre elles. C'est aussi par référence à un projet de vie différent que les cadres comme Julie et les autres décident de renoncer à l'évidence d'une belle promotion. C'est au nom du refus d'abdiquer leurs valeurs privées au bénéfice des décisions et des procédés managériaux que les rebelles résistent. Chose remarquable, ils le font apparemment sans trop craindre les représailles. Comme si le risque en valait la peine.

Chapitre 8

Sortir du cercle vicieux de la rébellion

QUELLES SONT les forces et faiblesses des entreprises face à la contestation ? Les pratiques qui, à l'aube du XXIe siècle, se réclament du management par la performance possèdent trois traits : une prétention arrogante à l'hégémonie, la négation du débat allant de pair avec l'infaillibilité d'une élite bénéficiant d'une large impunité gestionnaire, une forme de mépris à l'égard des gens du bas. Le constat est d'autant plus surprenant que l'on croyait l'ère de la bureaucratie enterrée pour longtemps. Ces trois traits alimentent les rébellions. Les entreprises prises dans une logique du management hégémonique sont celles dans lesquelles les rébellions trouvent un terreau riche.

NE PAS OUBLIER LE MONDE D'EN BAS

L'hégémonie managériale se déconsidère auprès des cadres dans la mesure où elle les oublie, les perd de vue, les rejette dans une catégorie hybride et résiduelle : « les gens d'en bas ».

Le constat n'est pas original : les « gens du haut » en arrivent, dans beaucoup d'entreprises, à perdre de vue l'importance et même l'existence de ceux qui n'appartiennent pas à leur propre monde. L'incurie d'une partie des élites tient non pas à la suffisance de leurs manières et à l'arrogance de leurs jugements, non pas à leur incompétence que traduiraient leurs erreurs de décision, non pas à leur malhonnêteté foncière et leur cupidité. Le problème est d'une tout autre nature, aussi dérangeant mais plus délicat à documenter : leur désintérêt pour le monde d'en bas.

« Il y a cadres et cadres chez nous. Il y a ceux qui comptent.
Disons que ce sont ceux qui, au minimum, dirigent des *business units*.
Cela fait environ 850 personnes. On regarde cela de près.
Et puis il y a le reste des cadres, le tout-venant, soit quelques dizaines de milliers. Là, c'est un autre monde. Ce sont des affaires locales. Comme le sont les ouvriers et les employés. Là, je n'y vois certes pas très clair, mais bon, ce n'est pas un drame. Pourvu que cela ne fasse pas d'incident et qu'on n'en entende plus parler à mon niveau. »

Le directeur général des ressources humaines d'une entreprise multinationale qui s'exprime ainsi siège par ailleurs au comité de direction d'une *business school.* Dans cette dernière enceinte, l'un des deux auteurs l'a entendu critiquer l'usage de cas pédagogiques traitant du fonctionnement réel d'usines et de réseaux de vente. *« Bon, je veux bien, mais est-ce vraiment utile ? Vous, les professeurs, vous feriez mieux de ne pas perdre trop de temps dans vos programmes à parler de relations humaines entre les ouvriers et leur encadrement et de questions syndicales. Alors... allégez encore, et concentrez-vous sur l'essentiel. »* L'essentiel, c'est le monde du haut. La coupure à ses yeux passe entre les cadres dits dirigeants et tous les autres personnels, y compris les cadres occupant des fonctions opérationnelles intermédiaires. Les directeurs d'usine et les ouvriers de base appartiennent au même « tiers-monde ».

Le désintérêt pour la vie concrète des entreprises est effectivement marqué et constant chez les étudiants en gestion. L'absence de curiosité sociale et intellectuelle que manifestent tant de futurs et actuels dirigeants et managers peut être sidérante. Pour eux, le monde d'en bas, y compris son encadrement immédiat, est resté ce qu'il était déjà au temps du taylorisme au début du XXe siècle. C'est un univers assez dangereux et dont il vaut mieux se méfier. Il vit de cachotteries et de tricheries, de petites stratégies et de mauvaises bonnes raisons en tout genre, qui sont imaginées par des gens frustrés et aigris, car privés par la vie des signes irréductibles de la réussite.

La connaissance des « gens d'en bas » se résume à celle d'indicateurs chiffrés sur leurs activités. Les élites économiques sont obsédées de chiffrages précis, de recettes faciles, de décisions automatiques. La quasi-robotisation de la fonction politique du management est un phénomène massif occulté et refoulé par les dirigeants. Le phénomène est d'autant plus inquiétant que cette robotisation s'inscrit en décalage par rapport à la progression incessante de la création sociale au cœur même des entreprises. La résistance et le freinage des « gens d'en bas » sont souvent interprétés en haut comme des oppositions illégitimes, et non pas comme des opportunités de créations institutionnelles extraordinairement diverses.

La difficulté que manifestent beaucoup de gouvernants à s'attacher à autre chose qu'à la conformité et à la production de valeur économique n'est pas neutre. Elle conduit à une dérive dangereuse : elle alimente des sentiments de déception et de désillusion des salariés, et en particulier des cadres, à l'encontre de l'entreprise comme institution, comme objet cardinal de nos sociétés. Celle-ci peut devenir redoutable dans ses effets, les salariés se réfugiant ailleurs, que ce soit dans l'indifférence, dans le radicalisme, dans la consommation compulsive, ou alors dans l'extrême obéissance, qui les pousse à être aveugles et cyniques, à ne jamais parler, à n'en penser pas moins, jusqu'à haïr leurs chefs tout en leur obéissant servilement.

LE TIGRE N'EST PAS EN PAPIER

Il faut, c'est évident, distinguer la résistance passive de la résistance active. La première ne fait que critiquer, dénigrer, tenter d'en rire, voler, saboter, gauchir. La seconde, à la différence de la première, porte en elle des germes d'alternatives, de meilleures solutions, de révoltes puissantes, voire, et pourquoi pas, de fragilisation durable du pouvoir lorsqu'il s'empare du management moderne. Elle est aussi plus conséquente et plus dangereuse pour le pouvoir établi au sein de l'entreprise.

Les histoires de contestation racontent le lent processus de transformation forcée des réflexes technocratiques et bureaucratiques quand des activistes ordinaires prennent délibérément en charge des problèmes centraux pour les entreprises et créent des formes inattendues de pouvoir d'un genre nouveau pour répondre à leur insatisfaction et suggérer des manières d'agir et de gérer autrement. Ce savoir-faire est fondé sur un mélange de résistance et de pouvoir managérial, sur une lutte peu conventionnelle car à l'écart des chemins classiques de l'autorité. Les grains de sable de la contestation ordinaire peuvent produire des ratés dans l'hégémonie courante.

La rébellion fait du management un tigre de papier. Car c'est le sentiment d'impuissance d'individus qui pourtant jusqu'alors s'étaient montrés très conformistes, bons élèves et disciplinés, qui semblaient le mieux acquis à ses injonctions, qui renverse son hégémonie. Le régime managérial est bousculé par ceux qu'il favorise et auxquels il espérait, le cas échéant, ouvrir ses portes.

En effet, les rébellions s'enclenchent souvent lorsque le cadre se voit et se vit comme étant impuissant. Son impuissance se manifeste sur plusieurs registres. Il se sent désemparé face à la demande ou à l'exigence de la hiérarchie. Car il peine à établir s'il s'agit d'un ordre ou d'une simple recommandation.

L'hégémonie managériale peut fort bien fonctionner avec une extraordinaire diversité de référents pour la décision. Elle s'en accommode d'ailleurs le plus souvent. Elle en fait même parfois un argument rhétorique : celui de la tolérance, du droit à la différence. C'est par la diversité que l'entreprise s'enrichit. En même temps, elle devient aussi plus complexe à contrôler. Pourtant, face aux dilemmes parfois révoltants auxquels peut exposer la relation de travail, l'impuissance pousse à rechercher ailleurs les sources de la décision : dans la famille, dans une institution offrant certaines valeurs, auprès de la hiérarchie qui peut être bonne conseillère, auprès des collègues proches qui comprennent, ou en se tournant vers un passé fait de références convaincantes.

Un constat remarquable est que c'est précisément quand rien de tout cela ne marche plus, quand les référents se dérobent ou sont inutiles, que l'impuissance peut, paradoxalement, conduire à faire de grandes choses, c'est-à-dire des choses que l'individu n'aurait tout simplement pas imaginé qu'il deviendrait un jour, sans crier gare, capable de les faire. Certes ces actes ne représentent et ne signifient peut-être pas grand-chose à l'échelle de l'Histoire. Cependant ils sont énormes à l'échelle d'un collectif de travail, d'une famille, de destins individuels. Ils font sortir de l'ordinaire, c'est-à-dire des schémas hégémoniques dans lesquels un cadre méritant et travailleur est, malgré lui, embarqué.

Des années d'apprentissage, sur les bancs de l'école et de l'université, de socialisation et de normalisation à coups de séminaires et de conférences festives dans le cadre de l'entreprise, instillent certaines certitudes et quelques évidences dans l'esprit des bataillons de cadres qui font la chair à canon de la pensée hégémonique. Ces leçons se traduisent souvent sous la forme de vérités absolues. Elles diffusent des dogmes.

Quand un cadre a 30 ans, il accepte les challenges de l'entreprise et fait siens les dogmes. Car il est embauché pour cela. Il va de soi, s'il est ambitieux, que sa sphère privée passe en second, au moins pour un temps. Ou encore il va de soi que le comité de direction générale a ses raisons, doit avoir raison, parce qu'il est, après tout, le comité de direction générale. Sans oublier que, après 40 ans, les occasions manquées qu'il aurait dû, mais qu'il n'a pas osé saisir, sont autant de sources de frustration pour le cadre.

En même temps le scepticisme s'installe. Par exemple, le patron nous prend vraiment pour des idiots. Des doutes secouent les individus. Qui sont donc ces guignols qui parlent sur la scène au nom de l'entreprise tout entière, donc aussi en mon nom ? Combien ont-ils été payés, ces consultants à montre Rolex, pour nous raconter toutes ces âneries à grand renfort de *cartoons* et de blagues ? Pourquoi ce discours cynique sur l'entreprise ? Pourquoi ce ne serait pas moi qui me retrouverais dans la prochaine charrette de licenciements ?

Toutes ces questions, ces tergiversations, ces incertitudes expliquent en partie le surinvestissement des cadres et de tant d'autres catégories de personnels dans les entreprises. Quand on a le nez dans le guidon, on n'y pense pas, ou guère. Le cadre pense surtout à être performant et conforme, ce qui en soi est déjà assez coûteux et difficile. En même temps, il se montre autant que possible vigilant, car il vit sous une menace sourde, qui grossit parfois, puis disparaît. Sans d'ailleurs savoir si et quand elle reviendra.

Parfois cette impuissance que l'on ressent dans sa solitude de cadre performant s'exprime à l'occasion d'une décision managériale qui, bizarrement, ne passe pas. Comment se produit l'alchimie qui fait que certaines décisions, un jour, ne sont plus crédibles ni acceptables alors que d'autres, que l'on pourrait considérer tellement plus significatives, passent comme une lettre à la poste, voire ne sont parfois même pas perçues comme problématiques ?

LES RUSES DE L'HÉGÉMONIE

Qu'est exactement une hégémonie managériale au quotidien ? Comment son existence et sa prégnance se traduisent-elles dans les rangs des cadres ?

L'hégémonie s'exprime par la croyance que certaines décisions et certains discours sur les décisions vont de soi, sont indiscutables, s'imposent à chacun, qu'il le veuille ou non. Elle se nourrit de toutes les petites complicités acceptées à contrecœur, mais avec seulement un soupir ou avec un haussement d'épaule. Elle se constate plus qu'elle ne se voit. Personne n'est vraiment en mesure d'en définir le contenu autrement que par le fait qu'elle vient d'ailleurs, d'un cercle où s'exerce le vrai pouvoir, lieu qui est le plus souvent invisible, et par le fait que ce dernier est difficile à désigner, donc à contester.

C'est ce qui arrive à Bruno, jusqu'au jour où il osera, impulsion suicidaire et acte de lèse-majesté, interpeller le président-directeur général de Brick. La rébellion des cadres qui sont éloignés des cercles dirigeants se déploie à l'encontre de décisions managériales concrètes et des individus de chair qui concrétisent l'hégémonie. Aux yeux de Bruno, l'hégémonie est incarnée moins par le lointain chef suprême, un grand homme à ses yeux, et beaucoup plus par ses propres chefs immédiats, des gens arrogants, mesquins et faux-jetons.

Il est au fond plus aisé de se rebeller contre une idéologie que contre une hégémonie. Celle-là propose un ensemble relativement articulé de valeurs et de croyances, qu'on peut contester d'une manière ou d'une autre dans le monde ordinaire. C'est une tout autre affaire de contester une chose qui est invisible, qui va de soi, qui relève de l'évidence, qui est même tellement évidente qu'elle disparaît dans le flot des activités du quotidien. Beaucoup de cadres et d'employés ressemblent à ces soldats qui ne veulent pas savoir. Ils assument leur ignorance. La rébellion s'exprime dans des moments propices, dans des circonstances saisies à chaud, à propos de décisions problématiques qui secouent les consciences. Il faut alors se réveiller, comme dit Philippe, c'est-à-dire suivre la voix de sa conscience lorsque, par chance, quelque chose l'écorche un peu au milieu de cet océan d'indifférence et de petites lâchetés. D'ailleurs les serviteurs de l'hégémonie du management eux-mêmes, qui sont eux aussi des cadres, offrent ces occasions de résistance en matérialisant parfois l'hégémonie en prenant des décisions problématiques. Il leur arrive ainsi de faire le mauvais choix, comme dans le cas de Jean-Paul. Autrement dit, le pouvoir lui-même, en s'exerçant, offre de multiples occasions d'être contré par des individus peut-être un peu plus attentifs, ou qui simplement traversent une période de leur existence et de leur carrière qui les rend plus réceptifs.

La défaite de l'hégémonie n'est pourtant pas irrémédiable à terme. Le tigre du management techno-bureaucratique manifeste des capacités de rebond hors du commun. Ainsi, le départ de Jean-Paul représente en soi un problème pour Bat. Or les dirigeants de l'entreprise vont s'en servir pour confirmer la justesse de son choix, ou bien vont le dissimuler, le noyer dans le flot des remplacements consécutifs. Car ils prennent conscience bien trop tardivement de l'erreur qu'ils ont commise et qui a conduit Jean-Paul à partir. En d'autres termes, Bat sort doublement perdant de cette affaire. Les quitte ou double individuels obligent l'entreprise et sa hiérarchie à prendre des risques. Celui, par exemple, de perdre des pièces majeures de leur dispositif, de voir partir des exemples et des symboles sur lesquels s'appuie précisément son discours hégémonique. Celui aussi de se contredire, et, ce faisant, de prétendre être puissante tout en ne voyant pas comment le sol se dérobe sous ses savants échafaudages.

Le tigre du management ne perd que temporairement, si tant est qu'il perde vraiment. Il siffle vite la fin de la récréation. Le tigre n'est pas vraiment en papier. Il est plutôt revêtu d'une carapace en métal résistant à toute épreuve. Dans presque toutes les entreprises dans lesquelles nos histoires se sont déroulées, l'hégémonie finit par triompher. La parenthèse de la rébellion est plutôt brève et contenue. L'ordre ne tarde pas à se réinstaller. La direction zélote du management techno-bureaucratique aura, l'espace d'un moment, dû accepter d'écouter, voire de changer, notamment pour faire un peu moins mal et se renforcer. Elle recommencera à fourbir certaines de ses armes une fois la parenthèse close, d'ailleurs parfois au prix d'énormes erreurs.

Chez Brick, les budgets de Bruno sont sanctuarisés. Ils font l'objet d'un traitement spécial selon des critères *ad hoc.* Pour combien de temps ? En aucune manière un engagement sur la durée n'est formellement pris. Qui plus est, et comme par hasard un mois après la décision ferme, une circulaire du siège rappellera la validité des critères qui déjà régissaient l'allocation et l'engagement de budgets d'investissement en Asie, critères que contestait le rebelle, comme pour indiquer qu'on arrêtait de jouer et rappeler les troupes à l'ordre et à la discipline – Bruno étant une exception.

Certes les idées de Julie finissent par être adoptées et reconnues par Fondri. En même temps, elle subit un châtiment et reste en quelque sorte punie pour avoir, trois mois plus tôt, eu raison mais dans de mauvaises circonstances. Dans les deux cas, c'est le siège qui est à la manœuvre. Il rétrograde Julie dans sa carrière. Il imposera sa solution au moment qu'il aura choisi et au directeur de l'usine dont il avait soutenu le refus trois mois plus tôt.

Chez Agro et chez Bank, la direction sort elle aussi renforcée au final. Certes elle aura entre-temps, sous la pression de la contestation, brûlé le marketing qu'elle portait aux nues jusqu'alors. En contrepartie de cette volte-face, et à force d'écoute patiente, elle s'assure à nouveau la neutralité sinon la bienveillance des directeurs d'agences qui comptent et sans lesquels il est difficile pour elle de réussir. Elle parvient donc, moyennant une concession peu coûteuse, à faire rentrer dans le rang les leaders de la rébellion et à sauvegarder sa légitimité en matière de supervision et d'évaluation des directeurs d'agences.

Ce n'est donc pas déchoir, perdre la face, se mettre en péril, que d'accepter pour le management que le bas ait raison, bien au contraire. La cooptation des rebelles par le management permet de perpétuer l'ordre des choses et d'inclure dans sa propre légende des histoires de subversion qui ont réussi. Tout le monde y gagne. Les dirigeants montrent qu'ils acceptent d'être remis en question. Les activistes d'un jour sont promus, voire largement récompensés. La hiérarchie adepte du management se constitue et se renforce ainsi par la variété et par la contradiction. Plus précisément elle ne va bouger que si elle est certaine de garder son contrôle exclusif sur trois principes.

Le premier veut que les hiérarques fixent eux-mêmes les sujets ouverts à la controverse et au désaccord. Le haut reste le maître de l'agenda. Il garde le monopole de l'autorité en la matière. Il définit ce qui est sujet à questionnement ou pas. C'est lui qui choisit les objets de délibération.

Le deuxième principe veut que ces mêmes hiérarques parviennent en tout état de cause et *in fine* à s'approprier les résultats de la rébellion et de la contestation, voire à construire ensuite des discours sur ces histoires *a priori* déplaisantes pour le pouvoir. La rationalité politique de l'action organisée consiste à ne jamais se faire déborder par les événements. Par ailleurs, en prenant une décision à un moment donné, il faut veiller à pouvoir s'en sortir plus tard quels que soient les effets qu'elle provoquera. Le pouvoir prime donc sur le contenu.

Le troisième principe concerne l'identification des rebelles, le fait qu'ils soient repérés et étiquetés comme tels. C'est la direction qui reconnaît leur leadership local. Il importe surtout qu'ils restent très temporaires, c'est-à-dire qu'ils ne soient pas en concurrence avec les hiérarques professionnels. Autrement dit, le management devenu hégémonique n'accepte comme adversaires que des individus présentant les garanties suivantes : un profil *a priori* non menaçant, une probabilité forte qu'ils mèneront les sujets au bout, une assurance qu'ils se montreront reconnaissants à l'égard de la hiérarchie qui les a laissés s'approprier un sujet et devenir les champions d'une cause.

Le dosage d'ouverture et de contrôle reste donc subtil de la part de l'entreprise. Tout est là sans doute : qu'est-ce qui est l'objet de controverses légitimes, qui en décide ? Les critères de la promotion d'un cadre élu comme Jean-Paul et Michel sont-ils des sujets légitimes de controverses ? *Quid* de l'affectation d'un projet clé de R & D à Agro ou de la définition des critères de la performance commerciale à Bank ? C'est là-dessus que la hiérarchie de l'entreprise joue son propre va-tout. Plus précisément, sur sa capacité à suspendre elle-même et pour une durée brève son régime hégémonique pour entrer dans la délibération.

AUTRES ÉPOQUES, MÊMES MÉFIANCES

Si les cadres entrent en résistance, ce n'est pas seulement parce qu'ils sont d'abord et avant tout des individus vivant dans une société en transformation, dans laquelle des mouvements et des prises de conscience diverses ne cessent de naître. D'ailleurs il n'y a pas de raison que le fait d'être un cadre de la mondialisation signifie durablement que l'on reste étranger et étanche à ces mouvements. Ce sont bien des histoires de personnes, confrontées aux réminiscences d'un passé ou de figures fortes qui les aident à choisir. Chacun, cadre ou pas, a en soi, enfouies certaines de ces figures qui font surface lorsque la situation l'exige. Pour Jean-Paul, Rémi, Julie et Bruno, la situation l'exigeait.

Mais ces histoires apparaissent aussi parce que l'on est, tout simplement, en train de changer doucement de modèle d'organisation et de gouvernement des organisations. Cela peut paraître incroyable tant les ouvrages et les études se sont succédé depuis des décennies pour tenter de faire changer ce modèle, sans véritablement y parvenir totalement. Ce modèle si résistant, qui n'est au fond rien d'autre que de la bureaucratie, celle que le management contemporain orthodoxe déclare pourtant vouloir faire disparaître.

Les histoires de résistance de ce livre évoquent les prémisses d'un monde nouveau : pas celui de l'émancipation ou de l'autogestion, pas celui de l'expression et de la participation, pas celui de l'*empowerment*, en tout cas pas vraiment. Tout en quelque sorte a déjà été testé en termes de procédures et de techniques gestionnaires : cercles de qualité, boîtes à idées, groupes dits semi-autonomes, intrapreneuriat, organisation matricielle, *lean management*, évaluation à 360°, et ainsi de suite. Beaucoup d'alternatives ont été essayées pour contrer l'évidente toute-puissance de la bureaucratisation, dont les traits les plus saillants sont le recours extensif à des procédures formelles, l'occultation des situations locales, la foi placée dans les vertus des méthodes impersonnelles, ou encore la centralisation de l'autorité.

Les conséquences que l'usage de ces nombreux procédés donne à voir dans les organisations d'aujourd'hui sont surprenantes. Les entreprises sont des êtres bizarres. Elles se présentent comme des ensembles complexes et difficiles à décrypter. S'y mélangent pêle-mêle de l'ultra-centralisation et de l'autonomie, des patrons devenus éternels et une mobilité des personnels qui croît. D'incessantes fusions-acquisitions et des fermetures de sites détruisent sans rémission des emplois qui se recréent ailleurs. Des enracinements locaux arrivent à persister alors même que le tourbillon de la globalisation donne le vertige. Une liberté de parole indéniable se double d'une surveillance accrue, voire d'un flicage constant. À leur manière, ces êtres bizarres, bazar hétéroclite de modes et d'époques, contribuent à susciter l'émergence de comportements rebelles. Parce qu'ils sont, d'une certaine façon, trop complexes, trop instables et trop éphémères, difficilement contrôlables par la société, insaisissables par leurs pilotes comme par leurs passagers, autorisant par leur brouillage même la multiplicité des interprétations.

Une nouvelle organisation émerge-t-elle de la multiplication des quitte ou double du quotidien des cadres que ce brouillage autoriserait et même alimenterait ? Fort probablement. En tout cas, les entreprises sont confrontées à un phénomène qu'elles connaissent bien et qu'elles rangent la plupart du temps sous le terme de résistance au changement. Car il serait établi et évident que les salariés, cadres ou pas cadres, ne se laissent pas si facilement enfermer dans des schémas et dans des rôles bien définis. Ces mêmes gens dont Frédéric Taylor au tournant du XXe siècle disait qu'ils étaient de nature paresseuse et que Max Weber, pour sa part, pensait malins et rationnels. Il existerait une sorte de prédisposition largement diffusée à résister à tout changement organisationnel. Certes la rébellion des cadres ne recouvre pas, en entreprise, un phénomène identique à la résistance au changement organisationnel, même s'il est présent dans plusieurs de nos histoires. Néanmoins la thématique de la résistance au changement organisationnel, d'usage si courant chez les praticiens du management, mérite qu'on s'y attarde un peu. Car elle permet d'illustrer quelque chose que partagent ces deux phénomènes : leur stigmatisation comme comportement irrationnel de qui ose résister et qui ose se rebeller. Résistance et rébellion seraient des pathologies, nécessitant des soins visant à réintégrer les déviants dans le droit chemin.

Le résistant au changement : de l'imbécile patenté à l'asocial dangereux

La thématique de la résistance au changement organisationnel suggère combien prégnantes sont des interprétations et des approches qui associent les comportements non conformes de salariés, cadres et autres, à des motivations irrationnelles et dont le traitement relèverait de la rééducation.

Les ouvriers ont fourni à cet égard un terrain d'observation privilégié. En particulier ceux qui étaient soumis à des méthodes se réclamant de l'organisation dite scientifique du travail. Des recherches de psychologie sociale et de sociologie industrielle ont ainsi qualifié les attitudes des salariés qui se montrent hostiles et les comportements de ceux qui ne respectent pas ces directives comme relevant du freinage à la productivité. L'article de référence en la matière demeure celui de Lester Coch et John French[1].

Dans cette perspective, les auteurs de comportements antiproductifs sont au mieux des imbéciles, au pire des asociaux. N'est-ce pas l'accroissement de la productivité qui leur apporte un emploi et un salaire ? Le rôle de la hiérarchie devient donc de former voire d'évangéliser. Le message est : ce qui est bon pour l'entreprise est bon pour vous, voici pourquoi, et vous devriez vous en persuader vous-mêmes. L'imbécile se transforme en asocial si, malgré ces bonnes paroles, il continue à résister, à ne pas se rallier. Il est alors accusé par sa hiérarchie de sabotage délibéré, à la limite d'agression contre la hiérarchie. Celle-ci n'aurait donc qu'un seul choix : diaboliser les rebelles à ses injonctions, quand ce n'est pas les punir encore plus sévèrement.

Dit autrement, dans cette perspective, les résistants au changement organisationnel sont irrationnels.

Si l'on prend à la lettre les interprétations suggérées plus haut, notamment dans le chapitre 6, la résistance serait, comme la rébellion, une posture positive, pour le bien-être des personnes comme pour l'avenir des entreprises et des sociétés. En effet, sa créativité sortirait certains individus d'une ornière parfois inconsciente. Elle offrirait également des solutions à un management confronté à des dysfonctionnements dangereux. La figure du résistant, à l'image de celle du rebelle, n'offrirait aucune ressemblance avec celle du déviant dangereux, avec le stéréotype du saboteur vicieux, ou pire avec celle du syndicaliste assoiffé du sang des patrons. Le résistant serait devenu quasiment un entrepreneur, en tout cas une figure héroïque. Pourtant, les organisations n'aiment généralement pas la rébellion, et encore moins la résistance au changement. Les sciences de la gestion ont même été créées pour contenir sinon casser la résistance des exécutants, pour diffuser la conformité, pour normaliser les initiatives. Cette idée est ancienne et consubstantielle à l'idée même de science du management.

C'est, entre autres, ce qu'exprime Max Weber dans un ouvrage posthume paru en 1921 lorsqu'il définit la domination rationnelle-légale comme

1. Coch L. et French J.R.P. Jr., « Overcoming Resistance to Change », *Human Relations,* 1, 1947-1948, pp. 512-532.

une source d'efficience productive grâce à la primauté de l'autorité des règles rationnelles et à des dispositions favorisant la spécialisation des fonctions et la reconnaissance objective des mérites par l'action[1]. Ce modèle d'organisation rend compte d'une époque mouvementée, celle du XIXe siècle et du début du XXe siècle, et ce malgré la diversité des intérêts et la fragmentation des ego nées de la modernité. Il faut donc créer des ensembles organisés suffisamment centralisés, homogènes et cohésifs pour que les individus n'entrent pas en conflit, dans la mesure où ils sont tous logés à l'enseigne de la même règle impersonnelle. Protégés dans l'enceinte close de leur bureau et de leur expertise étroite – cloisonnement désespérant que met en scène le film *Brazil* – où le seul moyen d'entrer en conflit est de pousser les murs, ces individus ne craignent pas la concurrence du voisin.

En imposant sa volonté au nom d'un système de règles connues de tous, du moins en principe, le commandement est seul à gagner une légitimité qui lui permet d'opérer malgré les résistances et les rébellions. Pourtant il n'y a rien de mécanique dans l'obéissance, bien au contraire. L'obéissance est par définition un acte politique par lequel quelqu'un accepte de se soumettre à l'autorité de quelqu'un d'autre. L'acceptation de la subordination est sans cesse à confirmer, car les individus modernes ne se coulent pas automatiquement dans le moule hégémonique du management. Il faut les y contraindre ou les en convaincre. Il faut les empêcher de résister et leur donner de vraies raisons de se soumettre.

ÉTERNELLE BUREAUCRATIE

Le management comme paradigme de l'action organisée est né des besoins de coordination de l'entreprise, donc aussi de la nécessité d'empêcher les rébellions et les contre-pouvoirs toujours possibles, toujours pleins d'espoirs. On ne peut pas et on ne doit pas faire confiance aux individus modernes, ajoutent, certes avec regret, nombre de ses partisans. Car contrairement à ce que l'on a pu croire, ils sont capables de réagir, de contredire, de tricher. Ils sont intelligents, surtout lorsqu'il s'agit de défendre leurs propres intérêts. Ils ne ressemblent pas à l'ouvrier Schmidt, ce colosse borné qui sait mieux que quiconque pelleter des tonnes de charbon et qui sert de figure mythique au taylorisme. Dans une telle configuration, la productivité et l'efficience ne tiennent pas à la capacité de création des individus et des collectifs. Elles sont produites par la qualité de l'obéissance

1. Weber M., *Économie et société*, Paris, Pocket, 1995.

aux règles du système. La boucle se boucle. Car plus un système socialise des individus conformes à la règle, plus il est censé être efficient.

Les nombreuses critiques portées par les sciences sociales au modèle bureaucratique depuis de longues années montrent que ce principe alliant conformité et efficience ne tient pas longtemps face aux pressions des clients ou que l'expert bureaucrate n'a pas conscience des coûts de sa conformité. De multiples paradigmes nouveaux ont été proposés par les revues académiques et le monde des organisations pour faire pièce à l'icône bureaucratique : l'organisation adhocratique de Henry Mintzberg[1], les post-bureaucraties dont Charles Heckscher et Anne Donnellon[2] tracent le portrait-robot, ou encore les hétérarchies définies par Helmut Reihlen[3]. Sans compter des formes plus connues comme l'organisation en réseau et l'organisation flexible. L'inventivité des chercheurs en management est sans limites. Elle cherche à traduire des innovations nées des pratiques et elle exprime au demeurant de véritables transformations de certaines organisations.

Nouvelles formes d'organisation

L'**adhocratie** désigne une configuration structurelle relativement peu formalisée, présente en particulier dans des entreprises fonctionnant sur la base de projets et faisant appel à des expertises pointues détenues par des professionnels bien formés. Les tâches sont peu spécialisées. Les unités d'appartenance sont établies sur des bases fonctionnelles. La petite équipe fournit l'ancrage de référence. La coordination se fait de manière souple et horizontale par ajustement mutuel à divers niveaux. Les experts et autres fonctionnels reçoivent une autorité quasi formelle, au moins autant que la ligne hiérarchique. La structure matricielle permet de monter des combinaisons opportunistes et décentralisées qui cassent l'unité de commandement.

La **post-bureaucratie** se caractérise comme une organisation dans laquelle chacun devient responsable du succès du collectif. Les relations entre les personnes sont fondées sur les problèmes à résoudre, et non pas

1. Mintzberg H., *The Structuring of Organization. A Synthesis of the Research*, New York, Prentice Hall, 1979.

2. Heckscher C. et Donnellon A. (dir.), *The Post-Bureaucratic Organization : New Perspectives on Organizational Change*, Newbury Park, Sage, 1994.

3. Reihlen H., « The logics of heterarchies. Making organizations competitive for knowledge-based competition », université de Cologne, Seminars für allgemeine Betriebswirtschaftslehre, working paper, n° 91, 1996.

prédéterminées par la structure formelle. Le sens d'une mission commune à accomplir, assez concrète et propre à l'organisation, soude les personnes entre elles. Des principes partagés et dont les raisons d'être sont explicitées remplacent le recours à des règles imposées. La division du travail régie par un organigramme est donc abandonnée. Le contrôle porte donc non pas sur le management des tâches, mais sur le management des relations. Ces relations sont établies sur la confiance mutuelle. En même temps les réputations qui fondent cette confiance sont régulièrement examinées et débattues. Ce type d'organisation remplace la communication et le commandement du haut vers le bas par le dialogue institutionnalisé et l'interactivité entre parties prenantes. Établir un consensus informé est l'objectif à atteindre. Par conséquent, les processus de pouvoir et de compromis – souvent désignés sous le vocable de « processus politiques » – occupent une place légitime et deviennent un vecteur normal pour manager.

Une **hétérarchie** désigne une structure formelle habituellement représentée sous la forme d'un diagramme entre des parties connectées entre elles sans partie singulière permanente les dominant. En théorie des organisations, elle qualifie notamment les entreprises qui œuvrent dans un environnement concurrentiel axé sur la production et le recyclage de connaissance. Leur gouvernement a recours à une relative autogestion organisationnelle par ses membres, à des formes de démocratie décisionnelle par les experts et à la culture comme fondement du lien social. Les conflits et débats sont des choses considérées comme normales et positives. L'information partagée permet l'intégration du collectif. L'aptitude à la coopération et à l'apprentissage collectif sont des qualités reconnues et récompensées en tant que telles. Aucune fonction n'est considérée comme permanente et il est naturel que les individus changent rapidement de fonction sur une base *ad hoc*.

Néanmoins et sur le fond, le modèle du management hégémonique survit largement dans les faits. Les thèmes du centre puissant, du contrôle, des outils de pilotage et de la prévalence de la mesure, de la délégation tempérée et limitée, de la progression ascendante des carrières demeurent des points fixes du management. On aménage le modèle, on le renouvelle, on le conteste dans des situations de turbulence. On lui reconnaît même parfois des vertus innovantes. En tout état de cause, il continue à servir d'arrière-scène, de référence. Et avec lui, l'idée implicite que la résistance se contrôle. Car le problème reste celui de gouverner des ensembles de personnes auxquelles il faut toujours fournir de nouvelles raisons de se soumettre.

Un rapport nouveau se fait jour depuis les années 1980 dans les organisations productives qui a à voir avec la résistance au changement, et plus généralement avec le constat que le moindre changement exige beaucoup de temps et une gestion délicate alors même que les mutations de toutes sortes s'accélèrent sur les marchés. Les théoriciens des organisations admettent que des comportements inattendus peuvent être fonctionnels, donc souhaitables. Certaines organisations semblent fonder leur fonctionnement sur la notion même de surprise. C'est le cas de l'entreprise californienne Intel et de son recours aux initiatives dites surprenantes étudiées par Robert Burgelman[1]. L'idée est d'instituer une écologie interne de l'organisation, qui laisse se développer des initiatives comme autant d'occasions d'expérimenter de nouveaux marchés, le problème étant d'éviter de figer l'entreprise sur un seul d'entre eux. À la direction d'assurer la stratégie induite, à l'écologie interne de préparer l'avenir, y compris un avenir fortement divergent. Car le principe de la stratégie est qu'on s'engage, et puis on voit.

D'autres organisations cultivent l'ambiguïté et le flou. C'est le cas, entre autres, d'agences fédérales américaines qui ont délibérément recours à la *bureaucratic fuzziness* ou flou bureaucratique, dont Allan Lerner et John Wanat[2] montrent la pertinence en termes d'efficacité organisationnelle. C'est ainsi que des entreprises émettent de façon volontaire des messages flous à l'intention des salariés, le but recherché étant de susciter des réactions et d'explorer des interprétations divergentes, ou bien qu'elles définissent les mandats alloués aux cadres de manière peu précise, en favorisant des redondances entre juridictions, afin de susciter la coopération et de donner une place à la force du vestiaire.

Nous sommes ainsi entrés dans l'ère de l'interprétation et de la subjectivité. Les chercheurs en management se hâtent de livrer des moyens intellectuels et des solutions organisationnelles pour penser la divergence des interprétations face à la diversité des situations, des cognitions et des histoires de chacun. Les travaux de Karl Weick[3], psychologue des organisations, occupent à cet égard une place éminente. L'organisation est

1. Burgelman R.A., *Strategy is Destiny. How Strategy-Making Shapes a Company Future*, New York, Simon and Schuster, 2002.

2. Lerner A.W. et Wanat J., « Fuzziness and Bureaucracy », *Public Administration Review*, vol. 43, n° 6, pp. 500-509, 1983.

3. Weick K., *Sensemaking in Oganizations*, Londres, Sage, 1995.

peut-être bureaucratique par essence. En même temps, et en tout cas, elle est composée d'individus trop différents pour que la conformité absolue soit la règle. L'entreprise change avec le monde qui l'entoure. Cette évolution est parfois difficile à accomplir. Les grands plans, les révolutions planifiées, les ruptures radicales ne font pas avancer grand-chose, car elles se heurtent très vite à des coalitions puissantes de résistances particularistes. Il devient plus raisonnable d'opérer par une suite de petits pas apparemment anodins, relativement discontinus et lancés de façon opportuniste à chaque fois que les circonstances le permettent, quitte de temps en temps à consentir à prendre des chemins de traverse ou à opérer un compromis transitoire avec ceux qui se rebellent : deux pas en avant, un pas en arrière, comme le rappelle le politologue américain Charles Lindblom[1].

Bref il faut changer de monde sans pour autant entrer dans les illusions post-modernistes du hasard et du zapping permanent. Il faut toujours assurer un minimum d'ordre et fournir des points de référence hiérarchiques, conditions requises pour pouvoir en contrepartie concéder aux personnes le soin d'exprimer leur propre vision du monde. Quitte éventuellement à la réfuter par la suite.

Dans ce nouvel univers en apparence plus émancipateur, une figure perturbante fait progressivement son apparition. C'est la performance, plus exactement l'ultra-performance. Celle qui conduit de jeunes *traders* de salles de marché à prendre des risques insensés et hors contrôle, parce qu'ils rêvent d'être les meilleurs et espèrent ne pas être pris par la patrouille. Celle qui conduit des techniciens de Renault à se suicider.

L'ultra-performance est un genre assez courant. C'est une représentation partagée au sein de l'être bizarre qu'est la bureaucratie émancipatrice. Elle invite à une prise de risque hors du commun des individus au service de la performance collective. La figure de la performance est donc différente de celle de l'efficience qu'on rencontre dans le modèle du management techno-bureaucratique. Elle réinjecte pression et contrainte sur les personnes prises une à une, dans des univers qui, en parallèle, se présentent comme ouverts aux initiatives, aux prises de parole et à la surprise. Ici réside le hiatus. Car la culture de la performance individuelle conduit à faire du comportement émancipé et innovateur une obligation pour le cadre. Il construit sa place et son statut en étant plus performant ; vaincre le voisin, faire mieux que lui, c'est faire du bien au collectif. Le culte de

1. Lindblom C., « The Science of muddling through », *Public Administration Review*, n° 19, pp. 79-88, 1959.

la performance témoigne donc exactement du contraire de ce qu'est une communauté. Il substitue à cette dernière une autre figure collective. L'entreprise se réduit à un agrégat temporaire de volontés provisoires et approximatives. S'agit-il d'être le meilleur en soi ? Pas forcément. En revanche il s'agit d'être bien meilleur que celui auquel on va forcément me comparer à un moment donné.

Aurait-on donc tout simplement supprimé la figure même de la rébellion ? Puisque chacun aurait intériorisé le *be yourself !* – sois toi-même – et le *be better than yourself !* – dépasse-toi toi-même. Résister, c'est en effet exprimer, avec ou sans effets de manche, un désaccord avec une autorité donnée, et singulièrement avec celle qui émet des messages incantatoires sur papier glacé ou par vidéo d'entreprise. C'est agir parce que l'on ne voit pas le monde de la même façon qu'un autre, adversaire autoritaire ou non.

L'organisation actuelle permet aux individus de faire valoir des interprétations divergentes. Ce faisant, et en théorie, elle devrait préfigurer une entreprise où la résistance s'exprimerait plus souvent et sortirait au grand jour, loin de l'obscurité classique des tricheries. Si l'on est reconnu comme sujet, on a droit au désaccord. Or il n'en est rien.

En effet, la résistance et la rébellion sont contrées de façon discrète par le fait même que le management orthodoxe en acte pousse les individus à exprimer sans cesse leurs points de vue et leurs éventuels désaccords. Elles perdent ainsi leur caractère tragique et politique. Elles sont enfermées, incluses, incorporées dans la politique de l'organisation, qui les fait siennes en les transformant en participation, en expression, en comportement de *voice*. Elles sont digérées par les pratiques de gestion, notamment de la hiérarchie de l'autorité, laquelle ne perd pas sa méfiance à l'égard de qui n'est pas aisément contrôlable et prévisible.

La résistance et la rébellion, plus généralement toute forme consistant à ne pas jouer le jeu du consensus tacite, sont incluses dans les stratégies de développement social et personnel qui assènent des discours du genre *« soyez simplement vous-mêmes »* ou *« dérangez nos habitudes ! »*, qui donc coachent notamment les cadres pour qu'ils se prennent en main eux-mêmes, sans compter sur le voisin ou le chef. Qu'il en soit donc ainsi.

La formation initiale et continue contribue, parfois à son insu, à réduire le champ des possibles en présentant la posture du management d'abord comme une boîte à outils d'instruments qui, une fois maîtrisés, assurent un avenir correct et un statut convenable comme celui de *trader* dans une salle de marché, de comptable ou de chef de produit. Pour sa part, la formation permanente, notamment au niveau des stages de prise de poste, n'est pas totalement réfractaire à assurer une forme de contrôle des comportements, pour socialiser les cadres aux normes hiérarchiquement agréées, mais surtout pour éviter les comportements déviants ou hors normes. Le management moderne s'inscrit à cet égard dans une longue tradition. Déjà le célèbre industriel de la poterie anglaise, Josiah Wedgwood, nommait vices les résistances qu'on pourrait appeler mauvaises, comme le rappelle l'historien britannique du management Sidney Pollard[1]. Deux décennies de management moderne auraient, du moins en apparence, suffi à transformer le cadre indifférent en cadre complice. Ou en cadre seulement cynique, profondément cynique, comme le montrent tant d'études sur le sujet, à l'exemple des chercheurs en gestion britanniques Steven Ackroyd et Paul Thompson[2] ou Peter Fleming et André Spicer[3].

Cette question est d'importance. On ne peut pas se satisfaire de prendre des apparences ambiguës pour des preuves solides. Le management moderne est un régime intelligent et prégnant, par ses pratiques au jour le jour, face notamment à des formes de scepticisme ou simplement à une certaine fatigue des cadres, mais aussi par les états d'esprit sur lesquels il repose ou qu'il instille dans les esprits des dirigeants d'entreprises ainsi que d'une grande majorité de ses cadres.

---

1. Pollard S., *The Genesis of Modern Management. A Study of the Industrial Revolution in Great Britain,* Cambridge, Harvard University Press, 1965.

2. Ackroyd S. et Thompson P., *Organizational Misbehaviours,* Londres, Thousand Oaks, 1999.

3. Fleming P. et Spicer A., *Contesting the Corporation. Struggle, Power and Resistance in Organizations,* Cambridge, Cambridge University Press, 2007.

Chapitre 9

Une alternative : la polyarchie

UNE AUTRE FAÇON de penser la rébellion des cadres en entreprise apparaît lorsqu'on analyse l'entreprise en termes de régime politique. Le pouvoir est alors considéré comme temporaire et contingent. Il dépend des questions posées, des décisions à prendre, des analyses à considérer.

Il n'y pas de fatalité à ce que perdure une hégémonie du management. Les certitudes dont sont pétries les entreprises ne sont ni une chape de plomb ni une fatalité. Des alternatives sont possibles, à condition de changer de régime politique.

Le régime politique lié à l'hégémonie du management se nomme régime oligarchique. Un petit nombre de cercles restreints et plus ou moins formels concentre le pouvoir. Ils sont spécialisés par domaine ou par fonction (commercial, financier, technologique, etc.). Leur mode d'exercice du pouvoir est discret et discrétionnaire. Ils sont réfractaires à la divergence et au débat. Qui ose les contester est leur ennemi.

Le présent chapitre évoque un régime alternatif d'exercice du pouvoir et de traitement de la divergence que nous appellerons le management polyarchique de l'entreprise. S'il fait de la modestie une vertu, il va bien au-delà d'une simple attitude d'écoute compassionnelle des cadres.

UN TRAITEMENT POLITIQUE DE LA DIVERGENCE

Aucune des rébellions dont parle ce livre ne cherche à renverser le régime en place dans les organisations, comme cela a été maintes fois souligné plus haut. C'est aussi ce qui en fait le caractère remarquable. Ces rébellions sont cependant très clairement construites pour traiter d'un enjeu, d'un problème, d'une circonstance précise : ne pas se conformer à des décisions qui sont représentatives du régime politique en place dans les entreprises, régime qui produit et justifie les décisions contestées. On pourrait qualifier ces formes de contestation comme des désaccords tranquilles. Autrement dit, elles se justifient par leur évidence même.

Des histoires relatées au fil des chapitres précédents émerge un constat. Le régime oligarchique et l'hégémonie qui l'accompagne ignorent voire sanctionnent explicitement l'expression de façons de gérer et de penser qui ne sont pas conformes avec celles agréées par le management. Lorsque toute écoute est niée par les dirigeants dès lors qu'elle menace leur infaillibilité, comment faire autrement quand on est cadre que d'entrer en rébellion frontale et ouverte ?

Bien sûr, il y a des alternatives, celles que beaucoup de salariés choisissent : la passivité, l'égoïsme, le manque de temps, le cynisme. Il est de la responsabilité individuelle de chacun de faire ou de laisser faire. Mais reste posée une question centrale pour la transformation des entreprises. Une hégémonie bien installée et acceptée, à l'exemple du management contemporain dans un certain nombre d'entreprises, peut-elle supporter d'être contestée, conjoncturellement et temporairement, par exemple sur le mode même du management par projet qu'elle utilise jour après jour pour animer l'organisation ? La direction d'une entreprise peut-elle tolérer, voire carrément admettre, d'être contestée à partir de ses propres discours et arguments ? Le constat qu'il existe continuellement des projets divergents et des poches de « résistance » peut-il conduire à une approche plus politique, approche dont les entreprises ont par ailleurs cruellement besoin pour aller au-delà de pratiques socialement et gestionnairement stérilisantes lorsqu'elles broyent des collectifs et leurs identités, des individus et leurs vies ?

Une telle approche politique consisterait, pour dire les choses simplement, à regarder l'entreprise comme une communauté humaine et son organisation comme un système social et politique [1]. Cette question est presque éternelle si l'on en conserve les racines proprement politiques : comment faire cohabiter l'élite et la démocratie ?

Comment conserver des dirigeants compétents et permettre en même temps aux cadres d'être autre chose qu'un collectif mou et savamment supervisé, qui ne pense à rien d'autre qu'à gagner son pain et à rentrer

---

1. March J.G., « The business firm as a political coalition », *Journal of Politics*, 24, pp. 662-678, 1962.

sagement à la maison en consacrant toute son énergie et son savoir à l'entreprise ? Comment reconnaître les divergences dans un univers qui passe son temps à mettre l'expression du débat et la valeur de la négociation sous le boisseau ? Nous ne pensons pas que les entreprises puissent négliger durablement ces questions.

Les histoires de rébellion expriment des manières imprécises et parfois maladroites, toujours locales et plutôt limitées, mettant en scène des cadres qui ne sont pas conformes au profil type véhiculé par l'hégémonie managériale : des chefs d'agences bancaires dites pauvres dans Bank, un patron de projet qui n'est pas intégré dans les bons réseaux qui dirigent Brik. Elles sont aussi celles, plus difficiles à percevoir et à croire, des cadres conformes *a priori* au profil gagnant et qui pensent que trop c'est trop, que la pression que les dirigeants exercent relève du chantage et que le sacrifice qui leur est demandé de leur sphère privée relève de l'inique, surtout quand les dirigeants, si lointains et inconnus, *« s'en mettent plein les poches »*. Ces cadres sous pression dont ce livre traite sont aussi ceux à qui l'on donne apparemment beaucoup en échange : de l'argent et de la considération. Ils roulent dans de belles voitures, vont en vacances dans des sites exclusifs, vivent dans des appartements et maisons confortables et envoient leurs enfants dans de bonnes écoles. Un stéréotype connu de celle qu'on appelle parfois la classe moyenne supérieure.

Or cela ne suffit pas. D'où les résistances, d'où les départs, d'où les nouveaux itinéraires de vies, avant de se brûler peut-être ou de se tromper. Par ailleurs, il est impossible de définir le seuil à partir duquel les sacrifices consentis semblent presque des contreparties acceptables : seuil de rémunération, seuil du nombre d'heures de travail, de taille des responsabilités. Qui le fixe ? Qui dit que c'est le bon ? Est-ce à 100 000 € ou à 200 000 € ? Ces chiffres sont-ils indécents, et, à propos, dans quel sens faut-il l'entendre ? Que de questions entendues à la brasserie du coin !

Le mode de gestion de l'entreprise est politique puisque sa première tâche est de gouverner des divergences de points de vue, d'intérêts, de pouvoir, de considération, etc. Les entreprises seront d'autant plus fortes socialement et donc économiquement qu'elles écouteront dans les résistances un message sensible sur trois points : les seuils de sacrifice à ne pas dépasser, les seuils de récompense à dépasser, les fautes politiques à ne pas commettre vis-à-vis des individus, car il y va de leur vie et de celle de leurs proches.

La question morale et politique est organisationnelle : comment une entreprise peut-elle mieux fonctionner en acceptant des inversions provisoires de rôles, en laissant les meilleurs s'exprimer et gouverner lorsqu'ils ne sont pas nécessairement investis de l'autorité formelle ou que leurs solutions divergent des canons édictés par le management, cela de façon temporaire, sans naïveté démocratique, et surtout pour des raisons de compétence ? Il faut concevoir une organisation politiquement flexible. Cette idée n'est pas tout à fait neuve. Dans la théorie politique, cela s'appelle polyarchie. L'accès des principales parties prenantes d'une collectivité à l'expression et au pouvoir est une des conditions majeures de la démocratie politique. Il peut aussi l'être dans une organisation comme l'entreprise, en permettant l'ouverture au débat et à la décision.

La polyarchie comme régime politique

La polyarchie est une notion définie dans les années 1950 par le sociologue américain des organisations Arnold Tannenbaum pour rendre compte du contrôle par le plus grand nombre, le terme de *control* désignant le contrôle social, et non pas le contrôle procédural ou hiérarchique. Elle sera reprise et précisée par Robert Dahl, un des pères de la science politique américaine du milieu du XXe siècle[1].

Elle désigne la gouvernance politique pluraliste, qui est la meilleure approximation de l'idéal de la démocratie. Les sources du pouvoir y sont dispersées entre des élites multiples et concurrentes. Ces dernières négocient entre elles les décisions. Néanmoins elles restent solidaires les unes et les autres du système tout entier. Leur accès demeure en outre relativement ouvert à des nouveaux venus.

Les divergences et conflits sont réglés pacifiquement par la négociation et à travers des organisations dédiées et autonomes. Les individus sont autorisés à contester et à participer autant que possible aux décisions engageant le collectif. Des formes de contrôle et de légitimation existent qui permettent aux individus de peser sur les choix collectifs que font les élites.

La polyarchie fait sens non seulement pour la vie de la cité, mais aussi pour le fonctionnement d'une entreprise. Dans une entreprise coexiste, à l'égal d'une collectivité locale, une pluralité de groupes dont les intérêts sont contrastés et les enjeux hétérogènes, et qu'il s'agit de concilier.

1. Dahl R.A., *A Preface to Democratic Theory*, Chicago, The University of Chicago Press, 1956.

Une gouvernance de type polyarchique donne également la possibilité aux individus et aux groupes d'exprimer des griefs dans un régime par ailleurs centralisé. Elle leur laisse la liberté de réfléchir, discuter, s'affronter, le tout dans un cadre collégial qui est connu et reconnu par chacun. Elle est donc caractérisée par le fait qu'elle encourage et canalise la contestation à l'intérieur de formes d'organisation reconnues.

Il ne faut, bien entendu, pas confondre régime polyarchique avec démocratie égalitariste. Car le régime polyarchique n'implique pas que chacun puisse et doive espérer devenir un jour le maître du régime. Il n'implique pas non plus que tout le monde gouverne tout le monde, dans une vision révolutionnaire de l'entreprise. Un régime polyarchique implique plutôt l'ambivalence, la diversité des situations, la polyphonie, bref toutes ces figures normales de la vie que la bureaucratie aura mis des décennies à contrer, sans pour autant les éradiquer. Car on ne peut gommer de la carte de manière définitive ce que les individus vivent hors de l'enceinte de l'entreprise, sauf à produire des générations d'employés schizophrènes. La polyarchie est donc une forme d'organisation politique qui permet à l'entreprise et à ses représentants d'écouter les résistances sans se déjuger, de prendre en compte ceux qui prennent la parole sans pour autant perdre la face, et d'interpréter les contestations sans chercher tout de suite à les contrer.

Cependant, dans la réalité des entreprises, toute forme concrète de polyarchie se heurte à trois écueils.

En premier lieu, les individus sont peu disponibles. Ils manquent de temps et d'attention pour participer. Les entreprises forment des espaces fluides qui compriment tellement le temps individuel et collectif qu'on peut s'interroger sur la possibilité réelle dont dispose un cadre dédié à sa mission pour trouver les ressources et les raisons de s'engager dans une participation active. Comment le cadre peut-il devenir un acteur politique de son entreprise tant il est forcé à rester le nez dans le guidon ? Débattre suppose de pouvoir réfléchir, ce qui prend aussi du temps.

En deuxième lieu, ouvrir les portes du débat et de la négociation aux dossiers et aux questions qui font sens pour les cadres et qui sont généralement ceux qui affectent directement leur travail et son contexte gestionnaire local exige des dirigeants un savoir-faire spécifique, un sens du leadership et de l'animation, une bonne dose de confiance en soi et, surtout, dans les autres. Les technocrates du management sont peu aptes à satisfaire ces prérequis.

Un troisième écueil découle d'un constat évident. Aucune harmonie préalable n'oblige les différentes parties prenantes, à commencer celles qui comptent le plus localement, à négocier afin de trouver un compromis harmonieux et efficace à la fois. Créer des forums nombreux et multiplier les parties prenantes est susceptible d'aboutir non pas à des échanges ou à des accords, mais à encore plus de cacophonie, de polémique et de blocage, notamment faute de règles du jeu partagées par les parties prenantes quant à la façon de jouer, de débattre et de négocier.

Cette dernière limite renvoie à un problème plus général. La viabilité d'un régime polyarchique, en particulier en entreprise, dépend largement de celui qui émet les règles et de l'usage qui en est fait par les parties prenantes du débat et de l'échange. La rébellion traduit une situation dans laquelle le cadre se trouve soumis à une règle de contrôle, imposée de l'extérieur, généralement par sa hiérarchie, et dans laquelle on ne lui reconnaît aucune autonomie et aucun accès pour en débattre et en négocier à la fois le fond et le processus qui a conduit au choix. Le régime polyarchique, pour sa part, est viable et efficace lorsque les parties prenantes se voient reconnaître à la fois le droit de négocier et le droit de négocier comment négocier.

ADVERSAIRES, PAS ENNEMIS

Un management de type polyarchique requiert un état d'esprit, une façon particulière de regarder l'entreprise et son régime politique de gouvernement au quotidien. L'entreprise entre sans cesse, par ses décisions les plus anodines, dans la société. En retour, cette dernière est capable de pénétrer dans l'entreprise par ses réactions et ses interprétations, par sa subjectivité. La zone interdite des cadres entre *de facto* en tension avec le management qui les pousse à se conformer à des lignes de conduite données. Ce management est polyarchique lorsqu'il entend que cette tension peut se traduire par un rapport de forces coopératif, et non exclusivement antagoniste.

Les entreprises peuvent, c'est une évidence, être fondées sur la coopération. Elles ne sont pas par nature ou par fatalité fondées sur l'antagonisme. Elles ne se résument pas à deux mondes, les élites et les « gens d'en bas », qui ne peuvent pas se parler autrement qu'en termes de soumission de l'un à l'autre selon des principes de management édictés par les seules élites, lesquelles posséderaient le pouvoir exclusif de guider, coacher, aiguiller, contraindre. Plus généralement, elles ne se limitent pas à un management caractérisé par l'arrogance, et qui cultive cette arrogance dans les institutions qui prétendent éduquer à sa pratique, des *business schools* à la presse spécialisée. Un management polyarchique ou politique est fondé sur l'agonisme plutôt que sur l'antagonisme.

L'agonisme

Le terme d'agonisme se présente en théorie politique comme une alternative aux deux modèles dominants qui sont accolés à la théorie démocratique pluraliste : celui de la délibération, celui de l'agrégation.

En effet ces deux modèles refusent de reconnaître la nature profondément antagoniste de la politique. Une gouvernance fondée sur l'agonisme, selon la philosophe belge Chantal Mouffe[1], prend en compte le rôle crucial que jouent les passions en matière d'action politique et les affects en matière de construction des identités politiques.

L'agonisme désigne de façon plus précise un principe d'échange et de controverse entre des parties adverses, et non ennemies. Un ennemi exprime son problème en termes de violence et de mort de l'autre. Un adversaire renvoie à une dynamique de conflit, ce qui n'est pas du tout la même chose. L'issue du conflit prend la forme d'un compromis ou d'une synthèse. Contrairement à un ennemi, un adversaire partage assez de valeurs et d'objectifs avec les autres protagonistes pour pouvoir entrer dans une négociation dont il ne sort pas nécessairement un vainqueur et un vaincu. Le respect de son adversaire fonde l'agonisme. En revanche on ne respecte pas son ennemi.

Comme souligné plus haut, le management oligarchique a été bâti pour surmonter les résistances, tout au moins pour les repérer, les amoindrir, en atténuer les effets, dans une vision où la résistance est par nature illégitime et inefficace, nichée dans la sphère des comportements clandestins. Elle proviendrait d'individus frustrés, mal socialisés ou trop malins pour coopérer selon les *guidelines* et les règles du jeu connues des méthodes modernes de management. Pour passer au management polyarchique, il importe de sortir de la gestion de l'insoumission, sans tomber pour autant et *ipso facto* dans la rhétorique facile de la gestion participative.

Une entreprise polyarchique ne verse ni dans l'angélisme ni dans l'irénisme. Elle refuse la méfiance systématique et *a priori*. Elle bâtit une version projective de l'agonisme coopératif. Sa démarche essentielle est de définir la dissension comme un projet politique officiel, et non pas soit comme une opposition systématique tenant à une éducation inadéquate ou à des caractéristiques génétiques, soit comme une blague subversive destinée à faire de l'entreprise un lieu de récréation, ce qu'elle n'est pas.

1. Mouffe C., *Le Politique et ses enjeux. Pour une démocratie plurielle*, Paris, La Découverte/MAUSS, collection « Recherches », 1994.

L'agonisme conduit à faire mieux avec et pour les personnes. La polyarchie reconstruit le principe de l'entreprise autour de ce qu'on pourrait appeler une communauté d'adversaires.

Ce concept de communauté fournit la clé de voûte de la démarche concrète d'un régime polyarchique. S'agissant de l'entreprise, donc de son management, il ne va pas de soi. La communauté tend à être occultée par les pratiques alors qu'elle peuple pourtant les discours. L'entreprise et le management se sont bâtis depuis longtemps sur le déni de la communauté, tout en en extrayant et en utilisant des éléments de ses croyances – l'idée de projet commun et de culture partagée –, veillant à en cantonner les usages à des moments choisis discrétionnairement et unilatéralement. Une valeur ainsi mobilisée par les puissants, quand et seulement quand cela leur convient, ne fonde pas un pacte social. La communauté se conçoit, bien au contraire, comme une unité de nature politique. Elle fait coexister un principe de conquête de marchés par l'entreprise et un principe de solidarité productive entre ses parties prenantes.

Certes les cadres ont besoin de protection. Pourtant celle-ci n'est pas réductible à une concession purement altruiste de l'entreprise et qui représenterait un coût pur, de l'argent jeté inutilement par les fenêtres. Elle est aussi un investissement pour l'entreprise. Composée de personnes qui se font confiance et se montrent solidaires, l'entreprise devient plus efficiente que celle dans laquelle les personnes ont peur et sont en compétition permanente avec le management. L'art de diriger suppose l'aptitude à mêler solidarité et conquête, sans toutefois tomber, bien sûr, dans l'idée militaire du sacrifice de soi, du don de sa vie. Les salariés ne sont pas des soldats sortant de la tranchée pour sauver leur entreprise comme une patrie, au risque de ne pas revenir du front vivants ou entiers.

L'existence de zones interdites montre que le management polyarchique doit analyser sans cesse les limites de sa propre légitimité. Les dirigeants doivent apprendre à tolérer de n'être que temporairement légitimes et seulement placés de façon provisoire au cœur des systèmes de pouvoir. C'est aussi cela, la polyarchie. Et c'est ce qui en fait à la fois la difficulté et la richesse. Faire varier la localisation des centres de pouvoir et les parties prenantes en fonction des questions à aborder, multiplier les chemins d'accès aux fonctions de pouvoir, diversifier les sources possibles de légitimité représentent autant de façons de reconnaître l'importance de la gestion du pouvoir en fonction des circonstances. En complément, une plus grande diversité de recrutement et de formation aidera à produire des leaders plus ouverts et moins arrogants que ceux qui peuplent les amphithéâtres des meilleures *business schools* et universités à travers le monde.

L'entreprise californienne Google donne un exemple intéressant de ce management à centres multiples. Dans cette *success story* du début du XXIe siècle existe ce qu'on appelle la règle du 80/20. Rien de bien original, du moins à première vue. Chaque ingénieur a le droit de consacrer un cinquième de son temps de travail à la conduite de projets personnels, et cela sans que ni le lien direct à un objectif de rentabilité marchande ni le lien aux projets mêmes de l'entreprise soient à démontrer. Dans les faits, cet encouragement à l'autonomie produit des innovations : tel cet ingénieur d'origine indienne qui, cherchant à aider son grand-père vivant dans un village reculé à recevoir des informations sur la situation aux États-Unis après le 11 septembre, invente Google News. Chez Google, il y a aussi les comités de discussion du vendredi, dans lesquels, de façon parfois rude et crue, les pairs se jaugent ou bien jugent la qualité et l'intérêt de nouvelles idées et projets présentés par des collègues et des copains. La délibération est installée au cœur de ce système. Ce dernier en tire aussi une forme communautaire d'évaluation de la contribution de chacun. Il y a de la transparence et du contrôle croisé dans la participation ouverte. Plus précisément chacun peut soumettre des idées, ainsi que les contester. Ce qui n'est déjà pas si mal.

Si l'on était naïf, on parlerait de démocratie participative. Pourtant tel n'est pas l'objectif des dirigeants de Google. L'effet attendu et obtenu est plutôt de donner aux salariés un encouragement visible à faire différemment, à renoncer à des parcours rectilignes et orthodoxes, à inventer de nouvelles formes de travail et à imaginer de nouvelles technologies. Dans cette polyarchie, il n'est pas obligatoire d'avoir le nez constamment braqué sur les résultats du trimestre lorsque l'on est un ingénieur. On peut même contester la nécessité de contribuer à court terme aux résultats. La tyrannie du cours de Bourse et le culte de la performance sont discutables et sujets à débat. Ils n'ont pas rang de vaches sacrées. Ce ne sont pas des non-dits qu'il serait sacrilège de discuter. On en débat et on en conteste des facettes par des actes, par des idées différentes, voire parfois subversives.

Dans un autre style, on peut citer le cas de l'entreprise italienne Olivetti au cours des années 1990, étudié par Claudio Ciborra[1]. Pour cette entreprise, il s'est agi en quelque sorte de faire évoluer les ingénieurs et cadres de l'entreprise dans un univers composé de quelques messages, messages qui ne sont pas nécessairement univoques ou clairs – sur la stratégie, sur les règles à respecter, sur les procédures à suivre – de façon à laisser se développer en interne des procédures informelles et collégiales.

1. Ciborra C., *The Knowledge Creating Company*, Oxford, Oxford University Press, 1996.

On rejoint ici une découverte des sciences sociales. Les gens ont certes besoin d'être pris en charge, encadrés, guidés et canalisés dans une organisation et au travail. Pourtant, quand ils ne le sont pas, ils inventent eux-mêmes les canaux et les règles dont l'entreprise a besoin. Or, et c'est souvent le cas, les règles ainsi inventées et improvisées sont bien meilleures que celles qu'édicte le management. En effet, elles se révèlent mieux adaptées à des situations que seuls les gens d'en bas vivent concrètement. Ce n'est pas du laisser faire n'importe quoi et laisser aller n'importe où. C'est plutôt une façon de diriger de loin à partir de messages flous, qui est appelée *technology of foolishness* par le sociologue James March[1], ce par opposition à une technologie de la raison et de la rationalité pure. Quand la bureaucratie se met à devenir vraiment floue, elle prend le chemin de la polyarchie dans la mesure où elle confie ouvertement le soin aux personnes de devenir les experts provisoires de la production des règles.

Régulation conjointe, règle de contrôle, règle autonome

Le sociologue français Jean-Daniel Reynaud[2] a souligné, s'agissant des rapports de travail, l'importance que revêtent les arrangements qu'opèrent les salariés par rapport aux « règles de contrôle » formalisées par la hiérarchie et qui régissent l'exécution de leur travail. Ces arrangements ne reflètent ni des formes de tricherie ni des défaillances humaines ou des modes affectifs de défense. Ils sont fondamentalement des façons de répondre à des exigences d'efficacité face aux défaillances de l'organisation. Le plus souvent informels sinon clandestins, bénéficiant de la tolérance sinon de l'aide de l'encadrement immédiat, ils ont une légitimité pour ceux qui les formulent et les appliquent. Ces normes informelles ou « règles autonomes », qui réinterprètent l'ordre formel imposé par un tiers, constituent ainsi des réserves de productivité.

Gilbert de Terssac[3] montre que dans les industries à haut risque, comme souvent les industries de process, la construction de règles autonomes au plus près du terrain d'action augmente la sécurité dans l'entreprise. Elles sont non seulement acceptées mais encouragées par la hiérarchie,

1. March J.G., *Decisions and Organizations*, Oxford, Blackwell, 1988.
2. Reynaud J.-D., *Les Règles du jeu : l'action collective et la régulation sociale*, Armand Colin, Paris, 1997.
3. De Terssac G., *L'Autonomie au travail*, Paris, Presses universitaires de France, 1992.

quitte à ce que cette dernière les incorpore à mesure dans les énoncés des règles de contrôle.

La coopération des salariés et de leur encadrement dans la production de la dynamique des règles est appelée « régulation conjointe ».

L'espace d'action organisationnelle et de liens sociaux que tisse l'univers polyarchique ne ressemble en aucune manière à celui qui existe dans l'univers oligarchique, univers dans lequel les cadres sont plus ou moins habitués à vivre. La polyarchie ouvre en effet à une émancipation d'un genre *a priori* bizarre. Elle contraint ses ressortissants à inventer par eux-mêmes les façons convenables de travailler et de coopérer, en laissant le soin à la hiérarchie de constater *in fine* la pertinence de ces inventions.

C'est ce qu'a bien compris Semco, une entreprise familiale de Sao Paulo travaillant dans le secteur de l'équipementerie nécessaire à la construction navale. À un père autocrate et centralisateur succède au début des années 1980 son fils de 23 ans, Ricardo Semler[1]. En un peu plus de vingt ans, l'entreprise se diversifie, ses effectifs se multiplient par 30 et son chiffre d'affaires par 53, le tout malgré un environnement économique et financier pénalisant (inflation monstrueuse, contrôle des changes, etc.). L'ambition affichée du fils Semler est de réconcilier la vie de travail et la vie hors travail de ses salariés. Elle est aussi de développer une démocratie participative interne poussée. Elle est enfin d'éliminer toute forme de bureaucratie, ce par une décentralisation maximale, par la suppression des procédures inutiles et par la réduction extrême de la stratification sociale entre catégories de salariés.

Les mesures mises en œuvre aboutissent à réduire la taille des unités ou départements de base à un maximum de 150 personnes chacune. L'organigramme de type hiérarchique est aboli et remplacé par une structure formelle réduite à trois cercles concentriques : cinq *conseillers* qui prennent les décisions globales, huit *partenaires* qui ont la responsabilité des divisions et garantissent la cohérence avec les objectifs globaux, et enfin les associés, soit tous les autres salariés, y compris les coordinateurs de département. À ces trois niveaux de management s'ajoute une classification des postes de travail qui est réduite à quatre types différents. Cette simplicité entraîne une diminution drastique du nombre des outils utilisés pour le contrôle. Les associés qui sont coordinateurs de

1. Semler R., *À contre courant*, Paris, Dunod, 1993.

département sont évalués sur leur capacité à déléguer et ne sont embauchés que s'ils sont acceptés au préalable par leurs futurs subordonnés.

La participation est substantielle. Ainsi, préalablement à l'achat d'une usine concurrente, les salariés votent par oui ou par non, après avoir visité cette usine pendant leurs heures de travail. Si les salariés se prononcent positivement, elle sera acquise même si les conseillers disent non. Et, après l'achat, ce seront les salariés qui assumeront la responsabilité d'y disposer les machines. Il n'existe par ailleurs à Semco pas de badge personnel, pas d'horaire précis de travail, pas de contrôle contre les vols. Chaque unité décide quoi faire avec l'argent des profits qu'elle a dégagés et comment les répartir entre salariés. Du coup chaque salarié connaît le montant du profit, de même qu'il existe dans chaque département une transparence poussée sur les coûts, les ventes ou encore les taxes fiscales. Enfin, le temps des managers ou cadres est dédié essentiellement à l'apaisement des désaccords et des disputes. Il ne s'agit pas pour eux et à temps principal de faire du contrôle et de prendre des décisions. Bref Semco fonctionne par la régulation conjointe et fait confiance à la dynamique des règles autonomes.

Une caractéristique récurrente qui traverse les exemples donnés ci-dessus est le fait que la pression sociale sur les individus y est forte. Certes il est très difficile d'y résister, surtout quand les pairs aussi bien que les chefs adhèrent aux mêmes façons d'être et d'agir. Ne pas participer, se placer en situation de passager clandestin du collectif, se comporter selon des normes et des manières qui diffèrent de celles qu'adoptent les collègues, bref ne pas jouer le jeu est une posture qui est loin d'être facile à tenir durablement. Mais cette pression sociale communautaire ne signifie pas nécessairement que la zone interdite des individus soit niée et violée par la pression managériale. Dans certains cas, la zone d'indifférence est élargie, la sphère privée des cadres étant non seulement respectée et reconnue mais étant incorporée comme partie intégrante du rapport qui lie l'entreprise à ses membres. Royal Canin illustre cette dynamique.

Devenue leader mondial de la nutrition pour chiens et chats, cette PME d'origine française et rurale a bâti en interne et jusqu'au début des années 2000 un modèle que détaillent Jean-Claude Thoenig et Charles Waldman[1]. Il combine deux facettes. L'une repose sur un positionnement révolutionnaire de son industrie. Elle allie une approche en termes de respect des besoins spécifiques des animaux de compagnie par

1. Thoenig J.-C. et Waldman C., *De l'entreprise marchande à l'entreprise marquante*, Paris, Éditions d'Organisation, 2005.

rapport à la race, l'âge et les conditions de vie, avec une distribution prescriptive, notamment par le circuit des vétérinaires et hors grande distribution alimentaire. L'autre, qui concerne son fonctionnement interne, repose sur un modèle appelé la communauté missionnaire. Les salariés, de l'ouvrier d'usine au président-directeur général, partagent des valeurs identiques.

La structure hiérarchique de Royal Canin est plate, ne comprenant que quatre niveaux au total. Les services fonctionnels spécialisés sont réduits au minimum, que ce soit en logistique, en marketing opérationnel et stratégique et en ressources humaines. Les fonctions de qualité, de projet de marque et de développement de nouveaux produits sont mises en copropriété, aucune appropriation monopolistique par des experts patentés n'étant tolérée les concernant. Les risques de dérive naissant du recours aux procédures, de l'imitation des bonnes pratiques des concurrents et du recrutement de professionnels du marketing venus de l'extérieur sont combattus. La confiance est donnée aux personnes, elle dépend de leur adhésion beaucoup plus que des méthodes des consultants ou des diplômes des cadres. C'est ainsi que l'entreprise n'embauche volontairement pas de MBA. Des valeurs communes martelées sont mises en pratique avec constance : courage stratégique, solidarité communautaire, respect et humilité, vertu d'être petit dans un monde de gros, d'avoir à défendre sa peau à armes inégales avec les concurrents. Les « gens d'en haut » donnent l'exemple. Ils voyagent par exemple dans les mêmes conditions que leurs subordonnés.

Dans cet univers de plus de trois mille personnes réparties dans une petite vingtaine de pays, la direction générale accorde une attention extrême aux individus. C'est ainsi que le fait de posséder un animal domestique et de s'y intéresser compte dans les décisions d'embauche. Le contexte de la sphère privée des cadres – familial, social et local – est pris en compte de façon transparente dans la gestion de leurs carrières. Des signes de respect non feints sont adoptés dans les interactions quotidiennes. Les langues locales sont acceptées comme langues de travail et de réunion. Expliquer et donner un sens partagé aux décisions va de pair avec une écoute soutenue des arguments et des signaux qui sont présentés par les collaborateurs quels que soient leurs rangs. La distance sociale entre les personnes est réduite et combattue. Chacun est partie prenante dans le respect des autres.

Ainsi, et sans avoir recours aux dispositifs spectaculaires de Google, d'Olivetti et de Semco, Royal Canin a construit un régime polyarchique. Malgré les pressions morales et communautaires fortes du collectif, le management quotidien respecte ses parties prenantes et leurs sphères privées. En un sens, comparée aux colosses de l'industrie du *pet food* que sont Masterfood et Purina, l'entreprise Royal Canin fait tout de travers, tant en termes de modèle de *business* que par son mode de fonctionnement organisationnel. C'est ce qui lui assure un dynamisme exceptionnel – un rythme de croissance annuelle moyenne de 13 % sur une période de treize années – et une adhésion de ses cadres, plus largement de tous ses salariés avec un taux de roulement du personnel d'à peine 1,4 % par an sur la même période.

Le tableau ci-contre met en évidence le saut quantique que l'entreprise polyarchique doit accomplir pour se débarrasser de certains réflexes oligarchiques en ce qui concerne son mode de gouvernement.

LA POLYARCHIE N'EST PAS L'ANARCHIE

Si le régime polyarchique s'oppose terme à terme au régime oligarchique, tous deux partagent pourtant une même conviction : un pouvoir dirigeant reste nécessaire.

Certes l'approche oligarchique n'empêche pas de délibérer et de discuter. En revanche, elle cherche à encadrer systématiquement les débats et elle rejette les comportements dits de désobéissance qui, par nature, rompent le contrat implicite d'allégeance aux règles.

La polyarchie, pour sa part, ne relève pas d'une forme adhocratique où la seule règle serait la réactivité instantanée aux forces et tendances du marché, qui est dénommée parfois la vélocité. Elle a besoin d'un système de prise de décision repérable, de valeurs relativement partagées, qui permettent aux dirigeants de trancher de façon légitime lorsque les débats perdurent. Elle accepte l'improvisation tout en renâclant devant le désordre. Elle a ceci de caractéristique que sa forme polycentrique favorise la multiplication des initiatives autonomes et encourage les interprétations contradictoires du discours stratégique à partir du moment où cela se traduit par des inventions et des innovations intéressantes. La délibération doit aboutir, elle a une obligation de résultat et de terminaison. Elle ne ressemble en rien à un forum permanent livré aux seuls beaux parleurs et autres démagogues. Chez Agro, les contestataires partagent l'idée que la science a une valeur en soi et qu'elle doit donc être respectée avec sa propre échelle de temps. Chez Bank, les rebelles évoquent la puissance d'une valeur spécifique de rapport au client comme individu, pas comme numéro de compte.

Tableau 2. Oligarchie et polyarchie en entreprise

Le régime oligarchique	Le régime polyarchique
Il existe une et une seule hiérarchie d'autorité qui soit légitime. Elle privilégie la dimension verticale. Elle est positionnelle et constitue un acquis à défendre.	L'autorité légitime est contingente ; elle dépend des problèmes à résoudre, des projets à lancer. Elle intègre aussi une dimension horizontale. Elle est provisoire par définition.
La contestation des cadres est un symptôme de dysfonctionnement. Elle résulte de la non-acceptation des règles. Elle se traduit par un conflit qui est par nature disruptif.	La contestation des cadres doit être écoutée et encouragée. Elle favorise la diversité et l'innovation, même si elle se traduit par une dépense de temps et d'énergie. La contestation est un conflit de points de vue qui peut être constructif dans ses retombées pour l'entreprise.
Les cadres contestataires sont des obstacles qui menacent la bonne organisation. Il convient de les éliminer, voire de les châtier.	Les contestataires sont légitimes pour améliorer la performance de l'entreprise et doivent être reconnus. Ils fournissent un vivier de futurs leaders.
Les décisions et l'agenda politique sont fixés à partir du sommet, par des instances lointaines et composées d'inconnus (conseil d'administration, comité de direction).	Les décisions et l'agenda politique général sont fixés du sommet. Néanmoins les cadres ont la capacité de les remettre en question à travers des instances organisées et des argumentations étayées.
Le siège est le lieu principal du pouvoir politique : l'organisation a un seul centre, forme un seul territoire contrôlé par une élite homogène et se référant à des bonnes pratiques produites en grande partie à l'extérieur de l'organisation.	L'organisation répartit le pouvoir politique en de multiples territoires pertinents (*business units*, projets clés, etc.) : l'organisation est polycentrique, ses cadres relèvent de profils divers et sont en compétition permanente pour l'accès aux ressources.
La frontière entre l'organisation et la société doit être étanche. La sphère publique de l'entreprise ignore la sphère privée de ses cadres. Leur zone d'indifférence est quasiment sans limites.	La société entre dans l'organisation. Ses principes et ses règles sont en concurrence avec ceux de l'organisation. Le management polyarchique cherche à mieux combiner les deux systèmes de valeurs en concurrence.
Le cadre sait précisément ce qu'il doit faire et respecte les limites de sa compétence. Sa conformité est silencieuse et soumise.	Le cadre polyarchique a vocation à traiter de compétences qui formellement ne sont pas celles qui lui sont assignées. Sa conformité est aussi critique.

La polyarchie autorise la concurrence entre référents. Ces derniers ne sont pas imposés de façon totalitaire. L'entreprise polyarchique n'est donc pas d'abord et avant tout centrée sur des orthodoxies fonctionnelles comme le contrôle financier et le marketing. Elle s'intéresse à ses clients, à l'évolution des marchés et des sociétés, à sa vision à moyen terme. C'est par référence à ces valeurs centrales qu'elle écoute des paroles hétérodoxes émises en son sein. Elle cherche à les accommoder, à les utiliser, à les reconnaître. En cela, elle diffère d'organisations qui tentent de prévenir les résistances parce que celles-ci sont interprétées comme des dysfonctionnements préjudiciables à la performance. Elle se différencie aussi d'organisations qui, en prétendant fonctionner sur des bases de pureté culturelle ou d'enfermement institutionnel, produisent d'autres formes de contrainte radicale – celle du clan, celle de l'institution totale – et aboutissent à l'effacement des volontés individuelles, à l'obéissance aveugle, à la soumission.

Tout le monde peut-il vivre et se développer dans une polyarchie, ce mélange d'émancipation et de partage culturel ? Dans une communauté de type polyarchique, les comportements encouragés peuvent apparaître sinon intolérables, du moins difficiles à comprendre pour qui les approche avec une vision oligarchique du management, mais pas aux « radicaux tempérés » décrits par Debra Meyerson et Maureen Scully[1]. Voilà bien un modèle d'individu qui parle à l'être bizarre que sont les organisations polyarchiques. Les radicaux tempérés sont ces individus placés au centre d'une tension entre, d'une part, leurs convictions et leurs valeurs personnelles et, d'autre part, celles que leur fonction les oblige à défendre. Ce sont des personnes qui doivent en permanence effectuer le grand écart entre ce qu'elles sont profondément et ce qu'elles doivent être fonctionnellement. Elles doivent lutter constamment pour traduire une tension sous-jacente en actes créatifs et acceptables pour eux-mêmes ainsi que pour leurs employeurs. Sinon la tension se traduira en résignation, en silence, en départ, en conflit ou même en procès.

Parmi des cas réels que nous avons observés figure cette jeune cadre homosexuelle qui est invitée par son président à la fête de Noël à laquelle les conjoints sont également conviés. Or elle se heurte au refus du président de la voir se présenter avec sa compagne. Elle décide de s'appuyer sur une série d'extraits de discours internes de l'entreprise au sujet de la diversité et de la discrimination afin de faire comprendre au président

1. Meyerson D.E. et Scully M.A., « Tempered radicalism and the politics of ambivalence and change », *Organization Science*, vol. 6, n° 5, pp. 585-600, 1995.

pourquoi elle viendra avec son amie ou ne viendra pas. Le président finalement accueillera le couple homosexuel à la fête. Qui plus est, cet événement contribuera à modifier les représentations collectives sur l'homosexualité dans cette entreprise.

Autre exemple, ce cadre d'une multinationale européenne expatrié en Chine pour lancer un important projet industriel, qui aide donc les ingénieurs locaux à s'approprier un savoir-faire qui va permettre à la Chine de poursuivre son ascension au sommet du capitalisme mondial, et qui milite en parallèle au sein d'une association de boycott des jeux Olympiques de Pékin pour protester contre le totalitarisme du gouvernement chinois.

Jean-Paul, Michel, Bruno, Julie et les autres sont, chacun à sa façon, des radicaux tempérés. En tout cas, leur protestation expose leurs contradictions identitaires profondes, que des années de management oligarchique ont enfouies. Ils sont radicaux ou extrémistes en tant qu'ils défient directement le statu quo dans l'organisation, à travers leur acte de résistance ou simplement en étant parfois eux-mêmes, c'est-à-dire des gens qui ne sont pas parfaitement à leur place, et qui le découvrent dix ans ou vingt ans après être entrés dans le système. Sans nuances, sans crier gare, ils envoient brusquement tout bouler, et notamment le système qui les a faits et qu'ils semblaient pourtant avoir si bien servi, dont ils étaient des membres modèles.

En même temps, ils sont tempérés ou modérés, notamment dans leurs actes, et ce de plusieurs manières. Ils sont tempérés parce qu'ils passent par des moments très chauds et d'autres très froids dans leur vie professionnelle, des moments d'excitation ou d'engagement et des moments de doute ou même de remise en cause radicale de soi. Ils sont aussi tempérés parce qu'ils manifestent du tempérament. Ils n'ont pas froid aux yeux, ils ne se dégonflent pas, ils assument. Certains actes de management leur paraissent inacceptables à l'aune des valeurs qu'ils portent en eux ou de leurs histoires de vie. Ces valeurs et histoires les poussent parfois à émettre un jugement de fond sur les décisions et actes de l'entreprise et à exprimer ouvertement ce jugement. Au final ils ne voient pas le monde selon des pratiques et les principes qui dominent le management bureaucratique émancipé du temps présent. Ils peuvent faire glisser à certains moments l'entreprise dans l'ambivalence.

Ce type de comportement peut créer un problème épineux. En effet, dans toute situation d'ambivalence se cache une part gigantesque d'incertitude et d'ignorance. Dans quel sens l'axe de la balance va-t-il pencher, quand et pour produire quoi ? Le management hégémonique peut-il connaître suffisamment ses cadres à potentiel pour détecter les radicaux tempérés, et si oui, que faut-il en faire ? La réponse est non, le management hégémonique ne sait pas bien quoi faire avec des individus qui cultivent ce *detached concern* combinant distance émotionnelle et sensibilité réelle, selon la définition qu'en donne le sociologue américain Robert Merton[1]. Les cadres qui pratiquent le *detached concern* sont à fond dans leur entreprise tout en étant très impliqués hors de l'entreprise, ce qui leur donne un sens critique qui peut conduire leur main droite à défaire ce qu'ils ont fait de la main gauche. C'est le cas de Jean-Paul. En refusant une promotion qui ne se refuse pas, il agresse les pratiques de management en même temps qu'il envoie par ce geste un message positif à destination de l'organisation. En effet, il bouscule le caractère inaltérable de la carrière normale du cadre trentenaire, tout en expliquant comment transformer cette évidence en chance d'invention, tout en proposant une alternative, qui ne sera, en l'espèce, pas écoutée.

Ces comportements peuvent traumatiser aussi bien les tenants du conservatisme bureaucratique poussiéreux ou du management technocratique que les militants échevelés de la nécessaire subversion et du chaos. Les ambivalences de la résistance créative sont en effet opposées aux deux visions de la subversion factice et du statu quo stérile. Les tenants du conservatisme auront tôt fait de désigner le résistant comme quelqu'un qui ne joue pas collectif, qui n'en fait qu'à sa tête. De leur côté, les tenants du *chaos management* le stigmatiseront comme trop prudent, couard ou pas assez entreprenant. Entre ces deux extrêmes se situe la polyarchie, soit une forme de tolérance que le management contemporain devrait apprendre sans langue de bois pour profiter de la valeur créative de l'ambivalence des rebelles.

Sinon, ce que racontent les histoires de contestation se produira et se reproduira encore : le sentiment d'isolement face à l'accusation d'hypocrisie de vouloir à la fois assurer sa carrière et son indépendance, d'une part, et, d'autre part, défendre des valeurs altruistes ou des principes moraux. Cette pression vient de la direction, comme le montrent les histoires des directeurs d'agences de Bank et des chefs de projets d'Agro. Elle peut aussi venir des copains au travail, comme dans le cas de Michel qui entend des voix soi-disant amies et compatissantes porter un jugement réservé sur son refus sous forme d'une candide incompréhension qu'il traduit aussitôt en sourde réprobation à son égard.

1. Merton R. K., *Sociological Ambivalence and Other Essays*, New York, Free Press, 1976.

De toute façon, ces ambivalences sont mal vécues par les entreprises dont les dirigeants sont pris dans les filets de l'hégémonie managériale. La hiérarchie n'accepte guère de partager son pouvoir, même par intermittence, et de paraître faillible. Par ailleurs, ces ambivalences se heurtent au plafond de verre qui isole les élites dirigeantes des cadres moyens. Enfin, le management continue à mettre trop d'espoir dans la quête de dispositifs impersonnels servant d'outils magiques et à traiter par-dessus la jambe toute réflexion sur le régime politique de gestion et de gouvernement de l'entreprise. Ah ! si l'on pouvait n'avoir à piloter que des cadres aux zones interdites minimales…

L'avenir reste ouvert

NOTRE VOYAGE en rébellion offre un bilan contrasté. Il suggère aussi que l'horizon reste ouvert.

UN BILAN CONTRASTÉ

Les rébellions de cadres en entreprise demeurent souvent invisibles ou occultées. Pourtant elles existent, plus nombreuses qu'on ne le croit. Ce constat interpelle certes les spécialistes des ressources humaines, mais aussi plus largement les dirigeants ainsi que les salariés et leurs proches.

Les rébellions tendent à se concentrer plutôt dans les entreprises de taille grosse et moyenne, dans les services comme dans les activités industrielles. Pourtant toutes n'ont pas la même propension à engendrer la rébellion parmi leurs cadres. Tout dépend de leur gouvernance interne, comme nous allons le rappeler ci-après. Par ailleurs nos observations suggèrent que la propension à la rébellion est pratiquement la même dans des entreprises américaines, anglaises, françaises et allemandes. Elle ne paraît guère dépendre de la culture nationale des protagonistes, cadres ou entreprises.

La rébellion des cadres n'est pas le décalque d'autres formes de luttes et de conflits sociaux en entreprise, les actions syndicales par exemple. Elle revêt des formes originales, ses causes sont localisées et ses revendications qualitatives portent surtout sur la gestion des ressources humaines et des affaires par l'entreprise. En ce sens elle désoriente, et d'abord les dirigeants et les directions des ressources humaines, mais aussi les collègues et les syndicats.

Les rébellions en entreprise sont le plus souvent le fait de cadres dits à potentiel. Les contestataires sont donc moins les laissés-pour-compte que les troupes d'élites.

Les milieux rebelles se recrutent de préférence dans les rangs des cadres qui viennent d'atteindre la trentaine d'années. Ce ne sont donc pas les plus jeunes qui contestent, mais ceux qui s'installent dans la vie, qui créent un ménage et ont des enfants. En revanche, une fois la mi-quarantaine atteinte, la propension à la rébellion tend à disparaître. Comme si on avait atteint les portes de l'élite dirigeante ou, au contraire, pris son parti en stagnant en bas de l'échelle des cadres.

La rébellion est déclenchée par le fait que l'entreprise viole la zone qui lui est interdite, c'est-à-dire la sphère privée des cadres, où l'intrusion de l'autorité managériale n'est plus acceptée. En d'autres termes, la rébellion de ses salariés est déclenchée par les actes de l'entreprise et les manières de faire de sa direction, et non pas par un terreau idéologique – l'anticapitalisme, l'antimondialisme, etc. – ou syndical.

Les rebelles sont souvent des hyperconformistes, partisans de l'entreprise et salariés soumis cités en modèle, qui brusquement disent non à leur direction, à propos d'un fait qui peut paraître mineur et très circonstancié, mais qui agit comme la goutte d'eau qui fait déborder le vase. La rébellion est d'autant plus susceptible de prendre forme que l'entreprise adopte un management que nous avons appelé hégémonique, avec un mode de gestion interne fondé sur la primauté absolue donnée à des procédures impersonnelles à valeur universelle, et à un contrôle fondé sur des indicateurs de performance quantitatifs imposés par décret des cercles dirigeants au corps social des cadres.

Toute rébellion marque les cadres qui s'y engouffrent en même temps que les entreprises qui se trouvent confrontées à elle. Un enseignement majeur à retenir des histoires narrées dans ce livre est que, si souffrance il y a, notamment celle que vivent les rebelles, et si les entreprises ne sortent pas totalement indemnes quand elles se trouvent confrontées à la contestation, le bilan ne se résume pas à un champ de ruines. Il est beaucoup plus contrasté qu'on le pense souvent.

Les rebelles ne veulent pas du tout détruire l'autorité et raser l'entreprise. Plus simplement, ils en refusent certaines façons de faire et d'agir. Et ils proposent des solutions alternatives acceptables. En ce sens la rébellion devient un processus créatif susceptible d'engendrer des retombées positives pour l'entreprise. Bref, il vaut la peine d'écouter les rébellions, et cela même si ou justement parce qu'elles contestent l'infaillibilité de l'autorité managériale.

Ce livre parle ainsi de la façon dont des gens normaux vivent et expérimentent des façons particulières de s'en sortir lorsque leur entreprise empiète sur le noyau dur de leur sphère privée et ne respecte pas leur identité. Se rebeller et contester sont des comportements de transgression inhérents à des situations dans lesquelles le cadre ne trouve pas d'autre issue possible pour se faire entendre. S'en sortir parce que le fait d'être cadre dans les entreprises, en particulier dans un contexte de mondialisation accélérée et de pratiques gestionnaires hégémoniques, est tout sauf une sinécure. C'est une expérience qui confronte sans cesse les cadres et assimilés à des défis impossibles, à des dilemmes insolubles, donc à des choix qui sont précisément présumés être ceux de l'acteur libre et plein de ressources qui fait depuis quelques décennies l'idéal du management.

Ce livre laisse entrevoir des vies qui refusent le prêt-à-penser de la performance et de l'ambition individuelles. Elles sont jalonnées de renoncements, de rebonds, de nouveaux départs, de résistances. Soit autant de comportements déviants par rapport à la norme de conformité du cadre, que l'entreprise ne cherche surtout pas à provoquer, c'est le moins que l'on puisse dire, mais qu'elle engendre par son fonctionnement et sa logique mêmes.

UN FUTUR OUVERT

Tout est-il joué ? Quel avenir se construit pour les cadres et pour les entreprises de demain ? Nous ne donnons ni dans le pessimisme cataclysmique, ni dans la naïveté irresponsable. Nous pensons l'avenir ouvert. Simplement ce sont les entreprises, et non pas les cadres, qui en détiennent les clés.

Notre livre trace une voie : utiliser le levier de la force du vestiaire (chapitre 3) et raisonner en termes de management polyarchique en créant les conditions de l'agonisme (chapitre 9). D'autres moyens existent donc pour atteindre la performance que ceux du management technocratique et de la violation des zones interdites des salariés.

Au-delà des expériences singulières restituées ici comme autant de récits presque romanesques, et quelles qu'en soient les issues, les histoires de rébellion et de contestation soulèvent une question d'envergure. Elle porte sur l'ampleur de ces mouvements, sur leur portée, sur ce qu'ils sont en train, concrètement, de faire naître dans les esprits de milliers de cadres et non-cadres dans des entreprises, en premier lieu celles qui jouent dans la cour de la mondialisation. Quelle Histoire ces histoires fabriquent-elles aujourd'hui ?

Les rébellions de cadres peuvent engendrer des effets papillon, mais pas de façon assurée à chaque fois. Si des effets de halo se déclenchent, ils parcourent un espace relativement bordé et limité. Le recours au management polyarchique ne chasse pas de manière globale, immédiate et définitive l'hégémonie du management technocratique tel que décrite au fil du livre.

Plus précisément, le scénario du Grand Soir, d'un effondrement brutal, d'une contestation de masse dans les rues, paraît peu probable. Le spectre de la crise, figure sensationnaliste et vendeuse à laquelle certains observateurs donnent trop de place, semble exagéré. Les rébellions de cadres que nous avons observées ne s'amplifient guère, ne sont guère ou pas du tout relayées par des mouvements sociaux ou par une mobilisation de masse plus institutionnalisée comme la pratique syndicale [1]. Si mutation il y aura, elle se fera localement, sans tambour ni trompette, et revêtira une intensité et des formes qui varieront dans le temps et dans l'espace. De manière plus réaliste, deux hypothèses permettent de décrire cette Histoire en train de se faire.

Une première lecture serait que ces expériences de refus et de recherche d'alternatives ne changent rien à la façon dont le monde économique est gouverné et pensé par ses dirigeants ; qu'elles ne sont que des soupapes nécessaires à la dureté de la compétition et à la rigueur de la performance. Après tout, toute guerre produit son lot de mutineries, de déserteurs et de tricheurs. La guerre économique ne fait pas exception à cet égard. Lorsque les moments deviennent critiques, on fusille les rebelles pour l'exemple, avec l'intention de faire peur à ceux qui n'osent pas joindre la contestation. En revanche, lorsque l'hégémonie est bien en place et sûre de son fait, on les laisse partir sans un soupir.

Une autre lecture suggère que ces expériences de rébellion banale et discrète sont en train d'activer des cognitions que des années de socialisation à l'hégémonie du management technocratique et de conformisme subi ont enfouies sous des monceaux de déni sans totalement les annihiler. L'homme reste un empêcheur de laisser des tiers le gérer à loisir de manière hégémonique. Les histoires de rébellions ne restent pas seulement de simples aventures vécues par des héros malheureux. Elles sont aussi susceptibles de servir d'exemple voire de référence à des tiers. En effet, des réseaux informels d'échange sur le lieu de travail font circuler ces expériences. Des coalitions invisibles se détachent des carcans organisationnels qui enserrent leurs membres, et notamment les cadres. Par leurs dynamiques s'invente une autre façon d'être cadre en entreprise aujourd'hui,

1. Même si au cours des dernières années, dans des pays comme la France, le taux de syndicalisation des cadres dans les entreprises privées dépasse de moitié celui des ouvriers, tout en restant à un niveau global fort modeste (entre 7,5 et 8 %) comparé à celui qu'on observe dans d'autres pays européens.

de vivre les rapports du travail et de définir son allégeance à la hiérarchie. Cette autre façon n'implique pas que le milieu des cadres devienne pour autant un foyer d'activisme « anti-quelque chose », qui conteste la légitimité ou la nécessité de l'entreprise et du travail.

Cette seconde façon de voir l'Histoire est plus plausible que la première. Car les récits de la souffrance et du stress, par la mise en scène souvent sincère des blessés de l'entreprise, préparent le terrain au point de changer le regard que les cadres portent sur cette dernière. Dès lors les dirigeants des entreprises et leurs modes de management se confrontent à une aberration.

Soit ils engagent des experts en gestion du stress, psychologues, formateurs ou diététiciens. Cette première façon de faire est tout à fait en ligne avec une vision instrumentale de l'entreprise. Elle demeure strictement une réponse en termes de gestion bureaucratique ou apolitique. Elle « pathologise » la souffrance, qui est définie et abordée que comme une autre maladie, ni plus ni moins.

Soit ils modifient le régime interne de pouvoir et de légitimité dans un sens plus agonique et moins hégémonique. Ils acceptent ainsi de faire le nécessaire pour que se confrontent des visions alternatives et des valeurs antagonistes sur la façon de faire le *business* au quotidien et de produire de la performance sans détruire les parcours de vies. Il s'agirait de prendre la colline voisine tenue par l'ennemi sans forcément sacrifier des centaines de soldats, au nom de l'impératif d'aller plus vite et plus fort pour montrer que c'est la guerre, et voilà tout. Les entreprises s'engageraient alors sur la voie d'un autre management, d'un autre régime de gouvernement interne, plus politique, et que nous avons appelé plus polyarchique.

La clé réside dans la possibilité donnée à la personne, par exemple au cadre, de dire non ou de faire autrement, de reconnaître son aptitude à la création, donc à la responsabilité. Cette possibilité doit aussi permettre à chacun de ressembler un tant soit peu aux autres, de se sentir appartenir à un ensemble. La combinaison de ces deux éléments de la construction de l'identité des cadres contribue ainsi à rendre à chacun d'entre eux un peu plus d'espoir.

Cette retombée est d'autant plus décisive que, à l'aube du XXIe siècle, les entreprises sont très poreuses sociétalement, qu'elles le veuillent ou non, qu'elles le reconnaissent ou pas. C'est là un des arguments essentiels qui est sous-jacent à notre livre et qui s'impose à partir de l'observation des rébellions de cadres.

L'entreprise n'est pas poreuse face à la société simplement parce qu'elle est sensible à la planète, qu'elle est exposée au développement durable ou qu'elle a intérêt à adopter quelque forme d'éthique des affaires. Certes la mise au jour des pollutions et la montée du débat sur les perversions du monde économique sont devenues quasi quotidiennes. Pourtant la société entre dans la sphère publique de l'entreprise d'une tout autre manière. Les entreprises sont poreuses parce qu'elles bougent, déménagent sans cesse et changent en permanence leurs équipes, leurs activités, leurs chefs et leurs règles d'action et de management. Elles voient s'accélérer un maelström en leur sein, qui tend à ne jamais vraiment se calmer et dont l'intensité est considérable. Or, loin d'être un obstacle destructeur, le mouvement peut être saisi comme une formidable opportunité en vue d'encourager la confrontation, le débat, la délibération sur des sujets divers, y compris ceux qui n'ont rien à voir avec le *business* proprement dit.

Dans un monde qui change vite, et parce qu'elle est emportée par ce maelström, l'entreprise contemporaine prend souvent la forme d'une communauté sociale labile et incontrôlable. Les gens s'y croisent sans se connaître et sans se reconnaître. Ce sont précisément des histoires individuelles qui peuvent offrir des points d'ancrage alternatifs aux discours convenus et génériques du management. Dans l'entreprise conçue comme espace communautaire, les cadres, mais aussi les non-cadres, sont à la recherche de ces ancrages. Ils se montrent donc sensibles à l'écoute de ces histoires, car elles rassurent. Elles donnent aussi et surtout du sens à ce qu'on fait et à ce qu'on est, seul et ensemble. Elles montrent que les gens se ressemblent et pensent, voient, vivent des expériences similaires, et que cette similitude compte. Car elle donne un peu de cette chaleur qu'on ne trouve pas dans le petit matin froid, sur le quai d'une gare de TGV, à l'orée d'une nouvelle journée de combat.

Bibliographie

ACKROYD S. et THOMPSON P., *Organizational Misbehaviours*, Londres, Thousand Oaks, 1999.

BARNARD C.I., *The Functions of the Executive,* Cambridge, Harvard University Press, 1938.

BEAUD S. et PIALOUX M., *Retour sur la condition ouvrière. Enquête aux usines Peugeot de Renault Montbéliard,* Paris, Fayard, 1999.

BOLTANSKI L., *Les Cadres. La formation d'un groupe social,* Paris, Minuit, 1982.

BOUFFARTIGUE P., *Les Cadres. La grande rupture,* Paris, La Découverte, 2001.

BRÉCHON P., GALLAND O. et TCHERNIA J.-F., « La dynamique des valeurs en Europe », *Futuribles*, juillet-août 2002.

BURGELMAN R.A., *Strategy is Destiny. How Strategy-Making Shapes a Company Future*, New York, Simon and Schuster, 2002.

CENTRE D'ANALYSE STRATÉGIQUE, *La Société française : entre convergences et nouveaux clivages*, Paris, La Documentation française, 2006.

CIBORRA C., *The Knowledge Creating Company,* Oxford, Oxford University Press, 1996.

COASE, R.,« The nature of the firm », *Economica,* 4, novembre 1937.

COCH L. et FRENCH J.R.P. Jr., « Overcoming resistance to change », *Human Relations,* 1, 1947-1948, pp. 512-532.

COURPASSON D., *L'Action contrainte,* Paris, Presses universitaires de France, 2000.

COURPASSON D., *La Modernisation bancaire,* Paris, L'Harmattan, 1995.

CROZIER M., *Le Phénomène bureaucratique*, Paris, Le Seuil, 1964.

DAHL R.A., *A Preface to Democratic Theory,* Chicago, The University of Chicago Press, 1956.

De Terssac G., *L'Autonomie au travail,* Paris, Presses universitaires de France, 1992.

Deal T.E. et Key K., *Corporate Celebration. Play, Purpose, and Profit at Work*, San Francisco, Berret-Koehler, 1998.

Dejours C., *Souffrance dans le travail. La banalisation de l'injustice sociale*, Paris, Le Seuil, 1998.

Dupuy F., *La Fatigue des élites. Le capitalisme et ses cadres*, Paris, Le Seuil, 2005.

Faure S., « Suicides chez Renault. Travail, fierté, culpabilité », *Libération*, 20 mars 2007.

Fleming P. et Spicer A., *Contesting the Corporation. Struggle, Power and Resistance in Organizations,* Cambridge, Cambridge University Press, 2007.

Frenkel S., Korczynski M., Shire K. et Tam M., *On the Front Line, Organization of Work in the Information Society,* Ithaca, Cornell University Press, 1999.

Goffman E., *Asiles. Études sur la condition sociale des malades mentaux et autres reclus*, Paris, Éditions de Minuit, 1979.

Golembiewski R.T., Munzenrider R.F. et Stevenson J.G., *Stress in Organizations. Toward a Phase Model of Burnout*, New York, Praeger, 1986.

Gramsci A., *Lettres de prison (1926-1934),* Paris, Gallimard, 1971.

Heckscher C. et Donnellon A. (dir.), *The Post-Bureaucratic Organization : New Perspectives on Organizational Change*, Newbury Park, Sage, 1994.

Herpin N., « La famille : tolérance et différence », dans Bréchon P. (dir.), *Les Valeurs des Français*, Paris, Armand Colin, 2003.

Hirschman A.O., *Exit, Voice and Loyalty. Responses to Decline in Firms, Organizations, and States*, Cambridge, Harvard University Press, 1970.

Kanter R.M., *When Giants Learn to Dance. Mastering the Challenges of Strategy, Management and Careers in the 1990s*, New York, Simon and Schuster, 1989.

Koza M. et Thoenig J.-C., « Rethinking the firm. Organizational approaches », *Organization Studies,* vol. 24, n° 8, pp. 1219-1229, 2003.

Lerner A.W. et Wanat J., « Fuzziness and bureaucracy », *Public Administration Review,* vol. 43, n° 6, pp. 500-509, 1983.

LINDBLOM C., « The Science of muddling through », *Public Administration Review*, n° 19, pp. 79-88, 1959.

LORIOL M., *Je stresse donc je suis,* Paris, Mots et Cie, 2008.

MARCH J.G., « The business firm as a political coalition », *Journal of Politics*, n° 24, pp. 662-678, 1962.

MARCH J.G., *Decisions and Organizations*, Oxford, Blackwell, 1988.

MERTON R.K., *Sociological Ambivalence and Other Essays*, New York, Free Press, 1976.

MERTON R.K., « Bureaucratic structure and personality », *Social Forces,* vol.10, n° 4, pp. 560-568, 1940.

MEYERSON D.E. et SCULLY M.A., « Tempered radicalism and the politics of ambivalence and change », *Organization Science*, vol. 6, n° 5, pp. 585-600, 1995.

MICHAUD C. et THOENIG J.-C., *Making Strategy and Organization Compatible*, London, Palgrave, 2003.

MINTZBERG H., *The Structuring of Organization. A Synthesis of the Research*, New York, Prentice Hall, 1979.

MOUFFE C., *Le Politique et ses enjeux. Pour une démocratie plurielle,* Paris, La Découverte/MAUSS, collection « Recherches », 1994.

NELSON R. et WINTER S.G., *An Evolutionary Theory of Economic Change*, Cambridge, Belknap Press/Harvard University Press, 1982.

PARADEISE C. et PORCHER P., « Le contrat ou la confiance dans la relation salariale », *Travail et Emploi,* n° 4, pp. 5-13 , 1990.

PARADEISE C. et THOENIG J.-C., « Piloter la réforme de la recherche », *Futuribles,* 306, mars 2005, pp. 21-40.

PETERS T., *Chaos Management*. Paris, Interéditions, 1988.

POLLARD S., *The Genesis of Modern Management. A Study of the Industrial Revolution in Great Britain,* Cambridge, Harvard University Press, 1965.

REGNAULT R., *Les Relations cadres-entreprises. Après un long mariage heureux, éviter le divorce*, Paris, L'Harmattan, 1998.

REIHLEN M., « The logics of heterarchies. Making organizations competitive for knowledge-based competition », université de Cologne, Seminars für allgemeine Betriebswirtschaftslehre, working paper, n° 91, 1996.

REYNAUD J.-D., *Les Règles du jeu : l'action collective et la régulation sociale*, Paris, Armand Colin, 1997.

SEMLER R., *À contre courant*, Paris, Dunod, 1993.

THOENIG J.-C. et WALDMAN C., *De l'entreprise marchande à l'entreprise marquante*, Paris, Éditions d'Organisation, 2005.

THOENIG J.-C., *L'Ère des technocrates*, Paris, L'Harmattan, 1987.

VILLETTE M., *Le Manager jetable*, Paris, La Découverte, 1996.

WEBER M., *Économie et société,* Paris, Pocket, 1995.

WEICK K., *Sensemaking in Oganizations*, Londres, Sage, 1995.

WEINSTEIN M., *Managing to Have Fun*, New York, Freeside, 1996.

Index des personnages

Dépôt légal : août 2008
N° d'imprimeur : 19767
Imprimé en France par l'imprimerie EMD S.A.S.